I0643166

Withdrawn from Collection

La viña devastada

GIROL SPANISH BOOKS
P.O. Box 5473 LCD Merivale
Ottawa, ON K2C 3M1
T/F 613-233-9044 www.girol.com

Política y Sociedad -

RBA ACTUALIDAD

JUAN RUBIO

LA VIÑA DEVASTADA

De Benedicto XVI al papa Francisco

RBA

© Juan Rubio, 2013.
© de esta edición: RBA Libros, S.A., 2013.
Avda. Diagonal, 189 - 08018 Barcelona.
rbalibros.com

Primera edición: abril de 2013.

REF.: ONFI598
ISBN: 978-84-9006-663-8
DEPÓSITO LEGAL: B. 9.324-2013

Queda rigurosamente prohibida sin autorización por escrito
del editor cualquier forma de reproducción, distribución,
comunicación pública o transformación de esta obra, que será sometida
a las sanciones establecidas por la ley. Pueden dirigirse a Cedro
(Centro Español de Derechos Reprográficos, www.cedro.org)
si necesitan fotocopiar o escanear algún fragmento de esta obra
(www.conlicencia.com; 91 702 19 70 / 93 272 04 47).
Todos los derechos reservados.

A GRF... INCLUSO EN EL CAOS

CONTENIDO

A MODO DE PRÓLOGO

Conviene no alarmarse por el título de este libro: *La viña devastada*. No se refiere a la herencia que Benedicto XVI ha dejado a su sucesor, si bien también se aborda esta cuestión. Tampoco busca caer en el pesimismo de quien solo ve las sombras de este pontificado «breve, intenso y polémico». No es así. La expresión no es mía, sino de Benedicto XVI. La alegoría de la vid ha sido una de sus favoritas. Tomada del «canto a la viña» del profeta Isaías (Is. 5, 1-7), la usó con frecuencia. El 2 de octubre de 2005, durante la ceremonia de inauguración del Sínodo de Obispos, dijo: «Precisamente en este momento en el que inauguramos el Sínodo sobre la Eucaristía, Él nos sale al encuentro, sale a mi encuentro. ¿Encontrará una respuesta? ¿O es que con nosotros ocurre como con la viña, de la que nos habla Dios a través de Isaías: "Él esperaba que diese uvas, pero dio agrazones"? (Is. 5, 2c) ¿No suele ser nuestra vida cristiana más vinagre que vino? ¿Autoconmiseración, conflicto, indiferencia?». Y en otro momento, en una visita al Seminario Mayor de Roma el 12 de febrero de 2010 recordó: «La historia concreta es una historia de infidelidad: en lugar de uva preciosa, se producen solo pequeñas "cosas incomestibles", no llega la respuesta de este gran amor [...]. Y así, la viña es devastada, vienen el jabalí del bosque y todos los enemigos, y la viña se convierte en un desierto». Su misión durante estos casi ocho años ha sido colaborar para que la viña dé fruto. «Después del gran Papa

Juan Pablo II, los señores cardenales me han elegido a mí, un simple y humilde trabajador de la viña del Señor», dijo aquel 19 de abril de 2005, cuando fue elegido. Trabajar por la viña para que su sucesor la recibiera un poco mejor, poniendo vallas para que no entren los jabalíes, ni la devoren las alimañas, pero también revitalizándola por dentro para que el fruto sea un vino bueno y no un amargo vinagre. Una viña devastada por el laicismo agresivo, pero también por la infidelidad de los mismos cristianos. Viña devastada, al fin y al cabo.

Abordo en el presente libro el gesto de la renuncia de Benedicto XVI, así como su contexto y consecuencias, más allá de la mera anécdota. El Papa de las palabras, el pontífice que hizo de la cátedra de Pedro un aula para proponer la Verdad, a cuya búsqueda incesante dedicó su vida, se marcha con un gran gesto con el que rubricó su vida. Lo decía unas horas antes de marcharse, el pasado 28 de febrero: «Soy simplemente un peregrino que inicia la última etapa de su peregrinaje en esta tierra». A partir de este punto, dedico una parte de este libro a recorrer las claves de la trayectoria del cardenal Ratzinger durante las tres últimas décadas, desde que comenzó su singladura junto a Juan Pablo II, su amigo, colaborador cercano y de quien más tarde sería sucesor. Porque no podía ser otro, debía ser él. Y eso es lo que pensaron los cardenales cuando lo eligieron, pese a su reticencia, su avanzada edad y su estado de salud. Aceptó e inició una trayectoria en la que trabajó en cuatro aspectos fundamentales: la propuesta de Dios a un mundo que ha hecho del *relativismo* la doctrina común; la necesidad de ampliar los espacios para que las religiones del mundo puedan dialogar; la tarea del ecumenismo y de la unidad de los cristianos; y, finalmente, la necesaria renovación interior de la Iglesia.

No han estado estos años exentos de problemas ni de dificultades. Todos ellos son abordados en este libro a beneficio de inventario, abundando más en las claves que en la pura anécdota. De ese balance, con sus luces y sombras, asoma un plano lleno de propuestas para el sucesor, quien va a encontrar una geografía de la Iglesia bien distinta a la que sus antecesores encontraron, una geografía en la que se aprecia un descenso de cristianos en la vieja Europa y la emergencia en América Latina, Estados Unidos y África, con incipientes rebrotes en Asia. Un mapa que ya no es solo el del territorio, sino también el de una gama de problemas, algunos de ellos fronterizos, que han de abordarse sin demora. Y, además, la tarea de seguir con el trabajo de renovación de la misma Iglesia.

Tres capítulos más integran el libro. Por un lado, un aterrizaje en la realidad de la Iglesia española. Conviene saber qué se encuentra el nuevo pontífice y cuáles deberían ser sus urgencias en este país «católico» cuya deriva laicista tanto ha preocupado a Ratzinger. Anotaremos algunos apéndices de interés y haremos el semblante del nuevo papa Francisco.

El epílogo no es sino un recuerdo permanente en la Iglesia de las últimas décadas. Se trata del Vaticano II, marco y referencia de la labor que el nuevo pontífice ha de realizar. A Juan Pablo II y a Benedicto XVI se les ha acusado —con mayor o menor justicia— de haber llevado a cabo una hermenéutica conciliar involucionista. Este año se está celebrando el cincuenta aniversario de su convocatoria. Será el momento adecuado para volver a empezar.

Se abre una geografía nueva y variada. El mundo ya no es el mismo que el de sus antecesores. La Iglesia tiene nuevas urgencias. El magisterio de la Iglesia ofrece luz y el testimonio de muchos cristianos, fundamentalmente en las zonas más pobres de la Tierra, es el mejor aval de la riqueza de la Iglesia. Hay muchos jabalíes que asaltan la viña, muchas alimañas que se aprovechan de ella, como también hay muchos agrazones que desde el interior la minan, la pudren y la deterioran. La viña devastada por los peligros externos y por las incertidumbres internas. Eso fue el cenáculo, un escenario de duda y de miedo, pero miedo disipado por la fuerza del Espíritu que no actúa mágicamente, sino respetando la libertad del hombre. Hay que seguir cuidando la viña para evitar que sea devastada.

Con la elección del papa Francisco, el cardenal de Buenos Aires, Jorge Bergoglio, se abre una nueva etapa en la viña. Sus gestos, su perfil, su experiencia, su sonrisa ha cautivado al mundo, no solo creyente; también no creyente. Hay una sensación de que se abre una etapa nueva, de que la Iglesia se va poniendo al día, pero que también va marcando ritmos. La viña está en buenas manos para que no quede devastada. Solo la librará de las alimañas, un espíritu de amor, el mismo de Francisco de Asís, el modelo con el que se inicia esta nueva etapa en la milenaria historia de la Iglesia.

Madrid, marzo de 2013

LA VIÑA DEVASTADA

UN PAPA DE LA OTRA PARTE DEL MUNDO

«Cada vez voy menos a Roma; y mucho menos ahora con los problemas que hay por allí. No se me ha perdido nada». Quien me dijo esto con esa amplia «sonrisa argentina», no era otro que el cardenal arzobispo de Buenos Aires, Jorge Mario Bergoglio, poco antes de comenzar la celebración eucarística y procesión del Corpus en la ciudad porteña, el pasado 9 de junio de 2012. Roma le quedaba ya lejos. Conversábamos en su austero despacho de la curia arzobispal, en Rivadavia, ante la plaza de Mayo, al lado de la catedral y la tumba de san Martín. Pocas horas antes yo había llegado de México y tenía cita concertada con él para presentarle el proyecto global del semanario de información religiosa *Vida Nueva* del que soy director global. No solo quería explicárselo, sino recabar también su opinión y pedirle que estuviera con nosotros en el lanzamiento del semanario, que se celebraría en el mes de octubre. Me acompañaba el responsable de la revista en el Cono Sur, José Ignacio López, viejo amigo suyo y gran periodista argentino. Nos recibió con los brazos abiertos y con mucha simpatía: «Me alegra ponerle cara; solo lo veía en la foto. Leo cada semana sus crónicas y ya veo cómo hila fino. Me gusta lo que escribe. Aire fresco, don Juan». Se lo agradecí y seguimos conversando. Él había roto el hielo, algo que a Bergoglio le cuesta poco, porque no es distante. Pronto te sientes cómodo a su lado. Sentado en una silla baja en la que suele recibir las visitas, comenzamos a conversar sobre Argentina, que en esos días atravesaba una serie de dificultades sociales: las calles de la capital estaban tomadas por manifestantes. También hablamos de la ajetreada vida política de esos momentos; y de España, de su Iglesia, de sus obispos, a los que había conocido cuando les dio Ejercicios Espirituales, en 2006, y de mil cosas que por prudencia callo, pero que ahora me alegra saber que él conoce. Asimismo, hablamos del Sínodo de la Nueva Evangelización que se celebraría en Roma en otoño. Me gustó su clarividencia sobre el documento base, los llamados *Lineamenta*. Quedé sorprendido de sus juicios serenos, realistas, con cierto tono crítico, pero con mucha carga de ternura sobre esa asamblea que se preparaba. Le pregunté si iba a ir al Sínodo, como en otras ocasiones había hecho. Y se explicó: «Creo que ya tengo que ir dando el relevo a otros obispos de acá». No asistió el sínodo; sin embargo, conocerá bien los resultados, pues el material le será entregado para que de ahí escriba la exhortación postsinodal que suele seguir a este tipo de asambleas. Al igual que hizo Juan Pablo II con el último sínodo sobre la Catequesis, convocado por Pablo VI, ahora el papa Francisco hará el documento que resuma las aportaciones del último sínodo convocado por Ratzinger, quien se ha referido a la Nueva Evangelización. Y siguió diciéndome: «Esta vez no iré al Sínodo. Van otros obispos argentinos. Yo ya he cumplido la edad canónica y he estado esperando a que el Papa acepta-ra mi renuncia, pero justo hace unos días recibí una carta de la Secretaría de Estado del Vaticano en la que me dicen que continúe aquí *ut proveatur*, es decir, hasta que me digan lo contrario; vaya, que no hay prisa. Y creo que también vuestro cardenal de Madrid ha recibido la misma carta. El cardenal Rouco y yo tenemos la misma edad, aunque yo soy un poco más joven». Lo acompañé a la misa y nos despedimos hasta octubre. Y volvimos a vernos. «Querido director, me alegra volver a verlo. Espero que puedan disfrutar de esta linda primavera porteña». Era octubre y lo esperábamos en el patio de la iglesia de Santa Catalina. Llegó puntual en el autobús urbano. «Llevo mucho tiempo aquí y sé los horarios y los recorridos de memoria, así que intento no llegar tarde», nos dijo. Y comenzó el acto. Él tenía que hablar, pero esperó entre el público asistente hasta que le tocó la vez, saludando a algunos políticos con cierta cautela, pero prodigándose con todos y llamándolos por sus nombres. Y nos dijo: «A ustedes [responsables de la revista] les agradecemos que con esta publicación, y con este aire fresco, nos ayuden a no caer, por nuestro cansancio, en una Iglesia autorreferencial [...]. Deseo que *Vida Nueva Cono Sur* nos mantenga en la ternura de la Iglesia que sabe de besos, que sabe de caricias, que sabe de consolar, que sabe ayudar, que sabe de "la carne"». Nos estremeció a todos, no solo el apoyo, sino el estilo. O quizás es que en esta vieja Europa estamos acostumbrados a obispos y cardenales muy engreídos por su «dignidad» episcopal, muy alejados, muy cartesianos. Aquello era otra cosa. No era el varapalo y la calumnia. Era la caricia y el aliento. Nos despedimos de él, no sin antes gozar de sus confidencias, de sus puntos de vista, de sus chistes y su amabilidad mientras nos tomábamos un refresco bajo la luna infinita que se empezaba a dibujar tras la torre de aquella vieja iglesia, cuyo claustro él abrió para actividades culturales. Iglesia Madre, y un poco Maestra, pero ante todo, Madre «que sabe de la carne».

LA SORPRESA LLEGA A ROMA

Y ya después, cinco meses más tarde, volví a escuchar su voz en la balconada de la basílica de San Pedro en la fría y lluviosa tarde del 13 de marzo. Poco después de las siete de la tarde había aparecido la fumata blanca desde la chimenea instalada en el tejado de la Capilla Sixtina. Casi tres cuartos de hora de incertidumbre. Pasó un tiempo y apareció el cardenal Touran, pronunció el nombre del elegido con dificultades debido a la enfermedad que padece el purpurado francés, pero no quiso delegar en otro. Quería ser testigo de ese momento, de esa elección. Él se mostraba feliz. Era uno de los que lo habían apoyado.

No pude contener la emoción al saber que el elegido por los cardenales como sucesor de Pedro para una nueva era, un nuevo momento histórico, era aquel cardenal que me habló de ternura y de antídotos contra el cansancio en la primavera austral. Yo estaba comentando en directo la elección con el amigo y periodista Antonio Pelayo para el canal de televisión Antena 3. Nos miramos, nos emocionamos y quedamos sorprendidos. Su biografía no estaba señalada en nuestra documentación. El cardenal Bergoglio había sido elegido, escogiendo como nombre el de aquel santo *poverello* de Asís, Francisco. No dábamos crédito, como después supimos que también les pasó a muchos. Un cardenal ya amortizado, que se quedó a las puertas en el cónclave de 2005; que ya iba poco a Roma y cuando lo hacía no era asiduo a las logias vaticanas; cuyo nombre no salía en las quinielas previas ni en los augurios geoestratégicos. Es más, había muchos que ni lo conocían. Habían pasado ocho años. Su vida estaba ya aquietada en Buenos Aires, esperando que el Papa aceptara su renuncia, y manteniéndose en su puesto *ut proveatur*.

UN TORRENTE DE GESTOS

Y comenzó a desatarse la tormenta de gestos, una pequeña revolución de pequeños gestos que aún hoy prosiguen. Me decía un sacerdote boliviano, trabajador en la curia, que los europeos solemos extrañarnos de los gestos del Papa en estos días: «Para nosotros es muy normal; son gestos habituales. Sois vosotros los que os extrañáis, pero para nosotros es algo muy normal». Y sin embargo, más allá de cualquier consideración sobre el origen y la cultura de cada uno, lo cierto es que el calado de estos signos es más profundo, va más allá. Muestra una manera de ver la Iglesia y el ministerio del Papa, «sucesor de Pedro, no de Jesucristo». Y de esos gestos vamos a tener muchos. También Juan Pablo II era un hombre de gestos, abundó en ellos desde aquellas destrezas de buen dramaturgo que cautivaron al mundo y cambiaron el principesco protocolo vaticano. En Francisco los gestos son más naturales y más latinos. Francisco, nada más salir al balcón de la basílica, ya sorprendió por su serenidad y atuendo. Sotana blanca sin más, sin adorno, sin muceta roja, sin zapatos rojos. Una cruz de metal, el mismo pectoral que habitualmente lleva, lo prefirió al pectoral de oro que le habían ofrecido en el interior. En la llamada Capilla de las Lágrimas, anexa a la Sixtina, una vez elegido, mientras permanecía solo, el nuevo Papa se revistió con una de las sotanas preparadas. En los últimos días, en Roma se cuenta que cuando el maestro de ceremonias, monseñor Marini, se acercó para ponerle algunas de las prendas habituales y la cruz pectoral de oro, Bergoglio, sonriente, le respondió: «No, no estamos en carnaval». Humor latino, pero es que este cónclave no es tan secreto en los detalles. Y salió a saludar a los cardenales en el rito que llaman de la obediencia. No fue tal, no hubo trono, sino silla sencilla, abrazos y agradecimientos. Y de allí hasta la balconada en donde estaba el pueblo, esperando bajo la lluvia, deseoso de saber quién era ese cardenal cuyo nombre no les sonaba, aunque parecía italiano. No, no es italiano, sino argentino «pero de sangre italiana», decían los romanos apostados en la plaza con su alcalde, Gianni Alemanno, bien situado en lugar destacado, preparando ya las maletas, porque también se le agota el tiempo. Fue una puesta en escena sencilla. Se presentó hablando a los hermanos y hermanas congregados en la plaza como el obispo de Roma que habían ido a buscar «casi al fin del mundo». Os agradezco la acogida. La comunidad diocesana de Roma tiene a su obispo. Gracias». A continuación habló de Benedicto XVI y no se refirió a él como Papa emérito, sino como obispo emérito de Roma, pidiendo por él. Eclesiología puramente conciliar. Empezaba a advertirse un estilo más eclesial que imperial, más pastoral que académico; más de Iglesia Madre que de Iglesia Maestra. No había acólitos con paños de hombro sujetando cruces y mitras, tan de moda en los últimos pontificados. Se desmoronaba el escenario barroco, parecía que se desdibujaba la figura angelical y llena de misterio con la que suelen revestir al elegido. Sencillez, mucha sencillez. Todo parecía muy distinto. Había una especie de desacralización del escenario. A su lado el cardenal Cláudio Hummes, franciscano, arzobispo emérito de São Paulo, a quien pidió de forma expresa que estuviera a su lado. No era extraño. Más adelante veremos el porqué. Puso a todos a rezar y se inclinó pidiendo al pueblo que pidieran por él, que solo no podría con la carga, y pidió un momento de silencio. Suplicaba la ayuda de todos. En la plaza, los más viejos recordaban el «discurso de la luna» de Juan XXIII, cuando hace cincuenta años convocó el Concilio Vaticano II. Y empezaron los aplausos y se metió a Roma en el bolsillo. Una sensación de ternura recorrió la explanada y las columnatas y, a través de las señales de televisión, llegaba a todo el mundo. La gente corría, acabada la jornada laboral, tras oír las campanas de las iglesias romanas anunciándoles que la sede de Pedro no estaba vacía. La Santa Sede ya no estaba vacante. Se fueron a casa con un buen sabor de boca. Creyentes y no creyentes se mostraban risueños, contagiados por la sonrisa del Papa. Hablaba bien el italiano, pero sin abandonar ese acento argentino tan peculiar. Estas fueron sus primeras palabras:

Hermanos y hermanas, buenas tardes. Sabéis que el deber del
cónclave era dar un obispo a Roma. Parece que mis hermanos
cardenales han ido a buscarlo casi al fin del mundo..., pero aquí
estamos. Os agradezco la acogida. La comunidad diocesana de
Roma tiene a su obispo. Gracias. Y ante todo, quisiera rezar por
nuestro obispo emérito, Benedicto XVI. Oremos todos juntos
por él, para que el Señor lo bendiga y la Virgen lo proteja. (*Padre nuestro. Ave María. Gloria al Padre.*) Y ahora, comenzamos
este camino: obispo y pueblo. Este camino de la Iglesia de
Roma, que es la que preside en la caridad a todas las Iglesias. Un
camino de fraternidad, de amor, de confianza entre nosotros.
Recemos siempre por nosotros: el uno por el otro. Recemos por
todo el mundo, para que haya una gran fraternidad. Deseo que
este camino de Iglesia, que hoy comenzamos y en el cual me
ayudará mi cardenal vicario, aquí presente, sea fructífero para
la evangelización de esta ciudad tan hermosa. Y ahora quisiera
dar la bendición, pero antes, antes, os pido un favor: antes de
que el obispo bendiga al pueblo, os pido que vosotros recéis
para el que Señor me bendiga: la oración del pueblo, pidiendo
la bendición para su obispo. Hagamos en silencio esta oración
de vosotros por mí... Ahora daré la bendición a vosotros y a
todo el mundo, a todos los hombres y mujeres de buena voluntad (*Bendición*). Hermanos y hermanas, os dejo. Muchas gracias por vuestra acogida. Rezad por mí y hasta pronto. Nos veremos pronto. Mañana quisiera ir a rezar a la Virgen, para que
proteja a toda Roma. Buenas noches y que descanséis.

En los días siguientes a su elección todo eran sorpresas y gestos. Se supo que no quiso subir al coche preparado para tras-
ladarlo a la Casa de Santa Marta; que llegó a la cena en el
autobús con el resto de los cardenales, que pagó de su bolsillo, como uno más, la cuenta del hospedaje, y que ya en el
comedor reprochaba jocosamente a los cardenales cómo le
habían complicado la vida. Al jesuita padre Lombardi, portavoz de la Santa Sede, le salió un competidor, el cardenal arzobispo de Nueva York, Dolan, quien convocó una rueda de

prensa y contó detalles, pero no secretos. Y por él supimos otros muchos detalles de aquella noche en la Casa de Santa Marta. No estaba dispuesto a subir él solo en el ascensor de su nueva casa y les decía a los acompañantes que había sitio para todos. Empezó un nuevo aire en el protocolo.

Y siguió el torrente de gestos a la mañana siguiente en Santa María la Mayor, basílica muy española, regentada por el cardenal turolense, Santos Abril, quien ha sido un gran apoyo de Bergoglio en Argentina y también ahora en el cónclave. Se extrañó Francisco de que estuvieran las puertas cerradas a los turistas y pidió que las abrieran. Y allí amonestó al cardenal emérito de Boston, Bernard Francis Law, pidiéndole que no se dejara ver mucho por allí. Y parece que, refiriéndose a Law, dijo: «No quiero que frecuente esta basílica». El silencio ante los casos de pederastia de este cardenal estadounidense lo trajeron hasta la Ciudad Eterna. Y un suma y sigue de gestos sencillos como la visita al hospital para ver al cardenal Mejía, o la llamada personal a los amigos con los que solía cenar en Roma cuando venía, o a la recepción de la Casa Generalicia de los Jesuitas, para hablar con el padre Nicolás, prepósito general de la Compañía de Jesús, a la que él pertenece. No hay momento en que no se oiga en Roma una anécdota nueva del nuevo Papa. Y, según me contaba un obispo argentino al que llamé por teléfono para recabar más datos, Bergoglio, «nos va a sorprender mucho en cosas importantes. Estoy seguro. Desde que lo conozco es así».

Pero también empezaban las críticas a través de las redes sociales. Se le acusaba de haber callado durante la dictadura militar argentina, se le reprochaban sus palabras contra el gobierno de Cristina Fernández por haberse opuesto a la Ley del Matrimonio Homosexual, se extrajeron palabras suyas de textos diversos. También en el interior de la Iglesia empezaron, aunque con prudencia, algunas críticas sobre su postura en temas relacionados con la Teología de la Liberación, que él ayudó a enterrar. También algún que otro mal humor en las filas de los jesuitas, institución a la que el Papa pertenece. Buceadores de lados oscuros lanzaban titulares. Codazos por buscar algo nuevo que aportar. Vorágine en los medios informativos. La sorpresa hizo que las mochilas de los periodistas no incluyeran documentación acerca de Bergoglio. Y si no hay datos, se inventan. Pero esto ha de aclararse. Un cúmulo de gestos muy latinos, muy argentinos. La Iglesia, como una viña amenazada por jabalíes y alimañas, estaba acogiendo a un nuevo viñador que venía a librarla de los jabalíes y de las alimañas, y a robustecerla con la fuerza del amor. Muchas claves ante el perfil de este nuevo sucesor de Pedro. Claves de antes de su elección, pero también de las horas en la que se produjo y de los retos que le esperan en este momento difícil. Empezaba el camino. No va a ser fácil.

EL GOLPE EN LA MESA

«Hartos. Estamos ya hartos». Un cardenal ya viejo, de sangre latina y muy enfadado, lo decía antes de empezar el cónclave y recordaba la figura del cardenal Martini y la valentía de su testamento pidiendo un cambio en la Iglesia, un cambio radical. «No tengo edad para entrar al cónclave pero ya he dicho lo que pienso en las congregaciones generales. Y se lo he dejado hasta por escrito». Es una muestra del malestar entre los cardenales de la periferia con respecto a los cardenales de la curia, aunque no todos. También en este sentido se pronunció unos días antes el cardenal Kasper, un hombre de clarividencia en la curia vaticana. La curia no es la Iglesia y, como en todas partes, también hay garbanzos negros. El esfuerzo de Ratzinger por renovarla llevó hasta Roma a figuras con un nuevo perfil, hombres dispuestos a poner en orden la barca de Pedro, pero fue insuficiente. No se lograba encontrar el hilo de Ariadna, o la espada de Damocles que deshiciera el nudo gordiano tantos años anudado con la fuerza que ejerce la sedimentación de ciertas costumbres. Esta ha sido la música que sonaba en la Capilla Sixtina antes de elegir Papa y el estribillo más repetido. No hubo intervención en la que no se hablara de esta necesidad. A los cardenales votantes no se les olvidaba todo lo dicho en las diez congregaciones generales que, presididas por el todopoderoso Angelo Sodano, se celebraron durante la semana previa al cónclave. Algunos se atrevieron a pedir que se les diera a conocer, al menos en esencia, los entresijos del famoso informe Vatileaks que la comisión de cardenales encargados de la investigación había preparado y que solo había sido entregado a Benedicto XVI para que este lo hiciera llegar a su sucesor. La petición era un clamor: economía saneada, escándalos bien lejos, modernización de viejas estructuras, una nueva política de comunicación, tolerancia cero con los casos de abusos sexuales, una mayor atención a las conferencias episcopales y un largo capítulo de culpas y asuntos mal saneados que encontraron en estas sesiones un momento adecuado para expresarse. Ciento sesenta y una intervenciones fueron más que suficientes para que los cardenales electores entraran en la Capilla Sixtina con las orejas bien abiertas. El mundo no deseaba más de lo mismo. Se quería un cambio. Y un cambio profundo, un rumbo nuevo y distinto. La curia no podía seguir hundiendo la barca de Pedro.

Y la maquinaria empezó a rodar. Desde afuera, el octogenario Sodano buscaba mover sus hilos proponiendo a unos y quemando a otros. Di Lampedusa a bordo. El viejo *gatopardo*, don Fabrizio Corbera, organizando los cambios para que todo siguiera igual. En el interior, algunos cardenales electores como el cardenal Re, quien durante muchos años fuera prefecto de la Congregación de Obispos y uno de los que han diseñado en los últimos años el mapa episcopal ac-

tual, se encargaría de comandar la estrategia, ayudado por
otros como el responsable actual de clero, monseñor Mau-
ro Piacenza y el cardenal Sandri. Es verdad que los cardenales electores de este cónclave eran más abundantes en la parte
romana e italiana. La renuncia de Ratzinger los había cogido
un poco desprevenidos, pero buscaron sus preferidos. Y no
uno, sino varios. La jugada de Ratzinger no les había gusta-
do. Débil y sin fuerzas hubiera sido una marioneta. Habían
logrado hundir al cardenal Bertone, pero ahora todo hacía
más fácil el control, con un Papa debilitado, cada vez más en-
cerrado en sus libros y su música, incapaz de reaccionar. La
curia buscó con rapidez. E iba a luchar lo necesario para au-
parlos, ayudada por la prensa italiana que en esos días tuvo
que trabajar duro entre los zarandeos de la política italiana y
la preparación del cónclave. La fuga de algunos documentos
secretos, las banderías de unos y otros en la siempre enredada
política italiana, tenían sus púrpuras y sus candidatos. Elecciones italianas y el precónclave fueron de la mano. Había
que extremar la *finezza*. Los vaticanistas italianos se entrega-
ron a la causa. La prensa romana era una máquina de quemar
candidatos y encumbrar a otros. No se quedó a la zaga la to-
dopoderosa prensa estadounidense, deseosa de lograr que en
la sede de Pedro se sentara un cardenal de Estados Unidos.

Los italianos pusieron toda la carne en el asador y la mirada se detuvo en el actual arzobispo de Milán, Angelo Scola,
un hombre de la escuela teológica de Ratzinger, a quien no
hace mucho destinó a la diócesis de Milán, procedente de Venecia. El destino era una especie de señal. Era el claro favorito
de la curia vaticana, apoyado por algunos cardenales europeos y por un grupo no muy grande de cardenales latinoamericanos. No contaron con que el cardenal Bertone mantenía
las espadas en alto frente al cardenal milanés y con tal de no
apoyar sus intrigas, sería capaz de alentar otra candidatura
viniera de donde viniera. El Piamonte da cardenales ardoro-

sos. Los muchos cardenales italianos parecían mantenerse unidos, aunque siempre les quedaba el nombre de Gianfranco Ravasi, presidente del Pontificio Consejo para la Cultura, hombre avezado al diálogo con los no creyentes, aunque muy nuevo en el Colegio Cardenalicio. Tampoco desdeñaron a Bagnasco, presidente de la CEI, pero siempre como apoyo a terceros. Scola era el favorito. Le hicieron un Facebook, un Twitter y sacaron su currículum vítae a pasear. Nadie mejor para sustituir a Herr Professor Ratzinger que este discípulo de su escuela. Además, contaba con un ejército en los nuevos movimientos laicales, perfectamente preparados para el abordaje, los miembros de Comunión y Liberación (CyL), muy activos en algunos países, aunque con fuerza mermada en Italia tras varios escándalos, concretamente una carta en la que se hablaba de sus aspiraciones al papado. El cardenal Scola, que durante su juventud había militado en las filas comunistas y socialistas, y se había convertido con la ayuda del fundador de CyL, Luigi Giussani, era el hombre. Una figura de libros y del ámbito académico parecía el mejor perfil para suceder a Benedicto XVI. El cardenal Sodano parecía respirar. Tenían candidato. La estrategia estaba perfectamente organizada. Todo atado y bien atado. Volvería después de casi treinta años un Papa italiano. Los experimentos ya se habían acabado. Había que volver. Él comandaría desde fuera la maquinaria. Pese a estar retirado aún mantiene despacho en la Ciudad Leonina, para extrañeza de muchos.

Pero no era esa su única carta. Pensaron también en un plan B, ante la insistencia en muchos ámbitos de la Iglesia de tener un Papa procedente del continente americano, donde hoy se concentra la mayor parte de católicos del mundo. Con este plan desbaratarían las aspiraciones del *lobby* americano que venían aireando las candidaturas de los cardenales de Nueva York, Timothy Dolan, nombrado cardenal en 2012, y el de Boston, Sean O'Malley, un capuchino que llegó a la ciu-

dad en la que se desataron los escándalos de abusos sexuales
y atajó con eficacia el problema, llegando incluso a vender el
palacio episcopal para indemnizar a las víctimas de los abusos. La prensa norteamericana los apoyaba y se creía que ya
había llegado la hora de un Papa estadounidense capaz de
frenar la división de aquella Iglesia, amenazada por un profundo cisma y que no obstante es la tercera en número de católicos. La curia romana buscó un nombre para contrarres-
tar esta tendencia. Había que seguir con el plan B, el que
mantuviera el Síndrome del Gatopardo, hacer que todo cambie para que todo siguiera igual y poder después colocar a un
secretario de Estado que, según ellos, arreglara los estropi-
cios del actual, Tarsicio Bertone, a quien esos días se le había visto alicaído y desolado. Lo único que preocupaba a los
italianos era entrar desunidos al cónclave. El enfrentamiento Bertone-Sodano podía beneficiar a los estadounidenses,
quienes en los días previos se prodigaron en ruedas de prensa, hasta que les fue prohibido seguir manteniéndolas. Fue
entonces cuando optaron por apoyar al arzobispo de São
Paulo, Odilo Scherer, oriundo del país con más católicos del
mundo, Brasil; antiguo secretario de la Congregación de
Obispos, con el cardenal Re, había pasado unos años en
Roma, y acompañado al Papa en Aparecida durante su vista
a la Asamblea de la Conferencia General de Episcopado Latinoamericano y del Caribe. Forjado en la teología afín a Benedicto XVI, el cardenal brasileño sería un antiguo curial con
sangre latina y acallaría a quienes hablan de una Iglesia demasiado romana. Los números estaban claros. «Si sale con
barba san Antón. Y si no, la Concepción». Si Scola no sale,
siempre queda Scherer. Mejor ir con dos candidatos al cónclave. Y un tercero, tapado, en caso de que el cónclave se es-
tancara. El cardenal Marc Ouellet, prefecto de la Congregación de Obispos. Canadiense, religioso, con experiencia
suficiente en Colombia y hombre cercano a la curia, aunque

alejado de sus intrigas. Con este tercer hombre de consenso volverían a salirse con la suya, aunque no fuera italiano. Todo parecía ir de la mano oficialista y así poder elegir a un sucesor de Ratzinger, un sucesor con más vigor espiritual y físico, y con más capacidad de gobierno. Para algunos, como es el caso de Sodano, el Papa debe estar hasta «dar la vida», abandonar es de cobardes. Lo advirtió antes de empezar en una homilía fría, curial, pasando cuartillas mientras se humedecía el dedo. Parecía que estuviera dictando la estrategia. Y eso molesta, y mucho, a los príncipes de la Iglesia, sobre todo a quienes, desde la periferia, habían encontrado siempre en él un parapeto que dificultaba la apertura del Vaticano.

Pero no las tenían todas consigo. Otra cordada se estaba preparando en la sombra. Iban a tiro hecho. Las de perder las llevaban, pero podían probar. Y desde el comienzo ya se pensó en el cardenal de Buenos Aires. No había otra persona. No tenían tiempo de buscar a otro. Era la cordada de la periferia. Todos recordaron su gesto en el último cónclave de 2005 y su disposición a ceder, al final, los votos a Ratzinger por indicación de Carlo Maria Martini, el arzobispo de Milán que entró a la Capilla Sixtina con un bastón, señalando su deseo de no ser elegido. En un capítulo posterior, el que dedico a la elección del cardenal bávaro, analizo con mayor detenimiento aquella elección. Muchos cardenales recordaban aquel gesto. Y se empezó a hablar de Jorge Mario Bergoglio desde el primer momento. Era latino, pero del país más europeo de Sudamérica. Además con ancestros piamonteses. Juan Pablo II lo tenía en gran estima y representaba en algunos aspectos, no en otros, el legado del cardenal Martini. En el tema de Latinoamérica, que tanto preocupa a Roma, su postura siempre fue clara con respecto a la llamada Teología de la Liberación. Nunca la defendió y siempre se mostró partidario de la vía intermedia, de la «conversión pastoral», como se llama ahora. Fue el principal inspirador del documento de Aparecida en el que se dio un giro, pasado el tiempo, a la Iglesia de Latinoamérica y el Caribe. Conservador en temas morales, gozaba de gran predicamento en los ambientes más abiertos de la Iglesia por sus gestos, su carácter austero y su autenticidad pastoral. Poco amigo de los nuevos movimientos, su perfil era propicio para ayudar a la comunión eclesial, aquejada de desmoronamiento. No se logró en aquella ocasión. Todos vieron que la figura que debiera suceder a Wojtyła no era otro que Ratzinger. Y Bergoglio, entonces, se retiró. Había que volver a intentarlo a la segunda, pese a su edad. No parecía mal la idea de tener en la sede de Pedro a uno de los más votados en 2005. El otro, Ratzinger, ya estaba retirado, pero no muerto. Era el deseo del último cónclave. Corrección a tiempo. Valía la pena intentarlo. Ahora solo quedaba unir voluntades. Los auténticos electores se pusieron a trabajar. Entre ellos, el cardenal Madariaga, bien reconocido en los ambientes latinoamericanos, aunque su imagen se haya resentido tras su intervención política en Honduras. Favorito del ala más progresista, amigo del cardenal Bertone y de la misma congregación salesiana, sus votos irían para al cardenal bonaerense. Pero además había otro gran elector, el cardenal Cláudio Hummes, arzobispo emérito de São Paulo hasta no hace mucho y prefecto de la Congregación para el Clero. Benedicto XVI lo había llamado para suceder al colombiano Darío Castrillón en plena tormenta de la pederastia. Hummes, un franciscano sencillo y bien considerado, se retiró a su tierra, un poco cansado de las intrigas curiales y de las continuas amonestaciones por la franqueza de sus declaraciones a la prensa, buscando una curia más evangélica. Yo mismo pude conversar varias veces con él y escuchar su desazón con motivo de una entrevista que me concedió y de la que salí convencido que sería un magnífico Papa-monje. Y así lo escribí en su momento. El cardenal brasileño, movió los hilos de su credibilidad dentro del Colegio Cardenalicio. Se fiaron de él y apuntó a Bergoglio, viejo amigo en las tareas pastorales de Latinoamérica. Fuera de protocolo, acompañó al papa Francisco en su aparición en la balconada vaticana en la tarde del 13 de marzo, y fue uno de los mentores, como veremos, del nombre adoptado por el actual Papa.

Pero necesitaban los votos de otros grupos. Les beneficiaba la división de los cardenales italianos y el malestar con la curia de los norteamericanos, africanos y asiáticos. Sobre los apoyos españoles no hace falta ser muy avispado para saber adónde fueron. Desde el comienzo se contó con el cardenal Amigo. En las sucesivas votaciones, el cardenal de Barcelona y el cardenal Cañizares entraron a apoyar. Tras el sondeo del primer día empezó la operación. Los cardenales norteamericanos le fueron dando sus apoyos. Otros europeos se sumaron en las siguientes votaciones. Un muñidor en la sombra fue el cardenal español Santos Abril, conocedor de lides diplomáticas, amigo de Bergoglio durante su etapa de nuncio en Argentina, donde tuvo que sufrir las embestidas del cardenal Sodano. Destituido de aquella nunciatura tras oponerse a operaciones turbias con una empresa hotelera y con una congregación religiosa, fue trasladado a Roma, concretamente a la basílica de Santa María la Mayor, y nombrado cardenal por Benedicto XVI. Santos Abril acompañó al Papa en su primera visita a la basílica española, la primera salida del Vaticano, en la mañana del 14 de marzo, y fue quien ayudó a buscar otros votos. Al fin, los cardenales del círculo del cardenal Bertone, viendo derrotadas las candidaturas de Sodano, sumaron el resto. A la sexta votación, en la fría y lluviosa tarde, el humo blanco anunciaba nuevo Papa. En el interior, cuando se llegó al necesario número de setenta y siete votos, comenzaron los aplausos. Aún quedaban votos por escrutar. Había que acabar y quemarlos. Tenían que echarlos al fuego. Era tarde y la gente esperaba en medio del frío y bajo la lluvia. Finalmente fueron casi noventa votos: más de los que logró Ratzinger en 2005 y un poco menos que Juan Pablo II en 1978. Había vencido Ratzinger indirectamente. Había vencido el extrarradio. Había vencido el sentido común. Había vencido la Iglesia.

El cardenal Bergoglio sería la pieza que se necesitaba. Aunque los rivales aún no parecían darse por vencidos. Desde fuera, quienes conocían las estrategias previstas antes de entrar se fiaron de ellas, no creyeron nunca que pudieran fallar. Entre la fumata blanca y el momento de saber el nombre del nuevo Papa, corrió una información en los aledaños de las terrazas donde se situaban las cámaras de televisión que acercaban *on time* la información a todo el mundo… Como ya se ha mencionado, la cuenta de Twitter del cardenal Scola acababa de ser desactivada. Todo parecía evidente. Por si fuera poco, un comunicado de la Conferencia Episcopal Italiana salía de su sede felicitando al nuevo Papa: Angelo Scola. Lo que no sabían los palmeros del cardenal de Milán era que en el interior las cosas estaban ocurriendo de otra forma bien distinta. Se la habían jugado en otro momento, cuando hicieron correr una carta suya en la que se postulaba como pontífice hace años. Estaba entre los papeles del Vatileaks. Cuando se conoció el nombre del nuevo Papa, yo mismo pude ver las caras de muchos de los sacerdotes italianos y periodistas del movimiento Comunión y Liberación. Eran de espanto. Y según me contaron, en Madrid, algunos sacerdotes y laicos ya habían comprado el billete para viajar a Roma. Pero no solo fueron ellos, otros muchos conocían bien la estrategia y no se fiaron del Espíritu Santo, como con tanta frecuencia invocaban en informaciones, notas de prensa y comunicados, a la vez que dejaban caer perfiles, biografías, unas veces para quemarlos, otras para apoyarlos. En este sentido no deja de ser sorprendente la estrategia del Opus Dei en España. No había tertulia, periódico o emisora de radio donde no hubiera algún miembro del Opus Dei, perfectamente colocados para opinar y dar su valoración. Una estrategia digna de encomio por su tesón y por su eficacia. Pura escuela de Navarro-Valls y su poderosa obra, la Universidad de la Santa Croce de Roma.

Los cardenales reunidos dieron un golpe sobre la mesa, el golpe sobre la mesa que Ratzinger no se había atrevido a dar. Hubo una persona que se lo dijo hace años en una conversación privada y que en varias ocasiones le mandó mensajes aconsejándole que diera aquel golpe, el mismo que Joseph Ratzinger le había pedido en su momento a Wojtyła, cuando arreciaban los casos de pederastia en el clero. Se trataba del cardenal Martini, fallecido el 31 de agosto de 2012 en olor de santidad y dejando un testamento excelso sobre la necesidad de un cambio en la Iglesia. El cardenal jesuita fallecido le había pedido al Papa una reforma profunda de la curia. Pero Benedicto XVI prefirió que la reforma la hiciera otro y seguir sirviendo a la Iglesia desde el silencio y la oración, facilitando el paso a alguien con más fuerza física y espiritual. Ratzinger ha sido el vencedor de este cónclave, abriendo la posibilidad de un cambio. Al cardenal Martini le hizo caso. El viejo cardenal jesuita ganó una batalla muerto, como el Cid. Nunca es tarde. Al fin y al cabo los tiempos de la Iglesia son muy distintos a los del mundo. Es el tiempo de *kairós*, no el tiempo de *cronos*. «Mil años en tu presencia son un ayer que pasó, una vela nocturna», dice el salmo. El mismo cardenal al que he mencionado al empezar este capítulo me decía: «Esto ya es otro momento; otra cosa. Ahora hay que pasar página. Vienen tiempos nuevos, no sé si se acertará o no, pero son nuevos y esperanzadores».

El 3 de marzo, el vaticanista estadounidense John Allen, al realizar su repaso de los cardenales papables, hablaba del cardenal de Buenos Aires en la prestigiosa revista *National Catholic Reporter*. Explicó su importancia en el cónclave de 2005 y desveló algunas de las cosas que pasaron en el mismo. Y se preguntaba si podría entrar su nombre en este, ocho años después. Aunque no tenía muchas esperanzas de que así

fuera, se atrevió, no obstante, a dar cuatro razones por las que
bien cabría tenerlo en cuenta. La primera, que aún podría
dársele una oportunidad pues, al fin y al cabo, ocho años no
son tantos. La segunda, que el perfil de Bergoglio unía primer
mundo y mundo en desarrollo: Bergoglio tiene raíces italianas, es argentino y ha estudiado en Alemania. Además, el
hecho de ser jesuita, le ayuda a tener un gran conocimiento
del mundo a través de una orden tan extendida. La tercera, su
carácter conservador en lo moral y avanzado en lo social,
pero con un toque preciso de austeridad y oración. No habría
miedo de reformas «copernicanas» en los temas morales. Y la
cuarta razón era su modo de vida evangélico. Pero, al final, el
vaticanista concluía diciendo que las posibilidades ya estaban
cerradas para él por su edad, por haber defraudado a los entonces cardenales electores que apostaron por él y que creían
no debía haberse retirado (aunque él prefirió hacerlo para no
bloquear la elección de Ratzinger), por su lejanía con respecto
a la curia en los últimos años, lo que le hacía ser desconocedor
de los problemas. Pero concluía diciendo que estaba por ver si
Bergoglio tomaba fuerza como candidato y hacía alusión a las
palabras de un anónimo cardenal que, en su diario sobre el
cónclave de 2005, escribió que en cuatro años Bergoglio sería
capaz de hacer los cambios suficientes y necesarios. Para Allen
el cardenal bonaerense estaba llamado a ser más elector que
elegible: «If not as King, then as a kingmaker». Se equivocó,
pero acertó en la mayor. En cuatro años, o quizás en menos
tiempo, podremos ver aún más cambios.

FRANCISCO, UN NOMBRE CARGADO DE SENTIDO

A quienes estaban en la plaza de San Pedro les extrañó el
nombre que el cardenal Bergoglio había escogido para su
pontificado. Que un pontífice se cambie de nombre, cuando

llega a la sede petrina tiene raíces bíblicas. El cambio de nombre en el mundo hebreo significaba la nueva misión que se le encomendaba a alguien. El nombre de Pedro era Simón, pero Jesús se lo cambió indicando con él la misión que le esperaba, ser piedra, Pedro. Desde entonces, y no solo en el papado, también en la vida religiosa de muchas congregaciones, el cambio de nombre iba aparejado a la nueva misión. Nadie antes se había llamado Francisco. Por eso desaparece el número ordinal. El mismo Papa lo contó a los periodistas en la audiencia concedida en el aula Pablo VI el 16 de marzo, a los dos días de su elección. Con gracejo y en un tono coloquial que agradó a los asistentes, explicó que su nombre no estaba tomado de los santos jesuitas Francisco Javier o Francisco de Borja, ni siquiera de un Francisco de Sales, como algunos entendieron, sino de Francisco de Asís. Y él mismo contó que algunos cardenales le sugirieron otros nombres como Adriano, por ser Adriano VI uno de los grandes reformadores de la historia de la Iglesia. ¡Hay tanto que reformar! Otros le dijeron, medio en broma, que tomara el nombre de Clemente XV, pues fue Clemente XIV el pontífice que suprimió la Compañía de Jesús, a la que él pertenece. Pero hubo algo que le llamó la atención. Y lo contó:

> Algunos no sabían por qué el obispo de Roma ha querido llamarse Francisco. Algunos pensaban en Francisco Javier, en Francisco de Sales, también en Francisco de Asís. Les contaré la historia. Durante las elecciones, tenía al lado al arzobispo emérito de São Paulo, y también prefecto emérito de la Congregación para el Clero, el cardenal Cláudio Hummes: un gran amigo, un gran amigo. Cuando la cosa se ponía un poco peligrosa, él me confortaba. Y cuando los votos subieron a los dos tercios, hubo el acostumbrado aplauso, porque había sido elegido. Y él me abrazó, me besó y me dijo: «No te olvides de los pobres». Y esta palabra ha entrado aquí: los pobres, los pobres. De inmediato, en relación con los pobres, pensé en Francisco de Asís.

Después pensé en las guerras, mientras proseguía el escrutinio hasta terminar todos los votos. Y Francisco es el hombre de la paz. Y así, el nombre ha entrado en mi corazón: Francisco de Asís. Para mí es el hombre de la pobreza, el hombre de la paz, el hombre que ama y custodia la creación; en este momento, también nosotros mantenemos con la creación una relación no tan buena, ¿no? Es el hombre que nos da este espíritu de paz, el hombre pobre... ¡Ah, cómo quisiera una Iglesia pobre y para los pobres! Después, algunos hicieron diversos chistes: «Pero tú deberías llamarte Adriano, porque Adriano VI fue el reformador, y hace falta reformar...». Y otro me decía: «No, no, tu nombre debería ser Clemente». «Y ¿por qué?». «Clemente XV: así te vengas de Clemente XIV, que suprimió la Compañía de Jesús». Son bromas... Os quiero mucho. Os doy las gracias por todo lo que habéis hecho.

Con este nombre el Papa alumbra una de las claves de su pontificado, la reforma desde la pobreza y la austeridad. Francisco de Asís, tras su conversión, en los primeros brotes de un profundo cambio interior quiso reparar la pequeña iglesia de San Damián, en Asís. Allí estaba el crucifijo que tanto le inspiró. Y escuchó la voz interior que lo llamaba a restaurar, no aquel edificio material, las tablas y los tejados, sino la Iglesia de verdad, la Iglesia espiritual. Al elegir su nombre, el papa Francisco ya estaba mandando un claro mensaje a quienes buscan una simple restauración en la Iglesia. Los estaba llamando a una profunda renovación interior. Un plan de gobierno que no está exento de dificultades, a la vista de la situación de la viña.

ARGENTINO, PORTEÑO Y LATINOAMERICANO

Al papa Francisco ya se le viene llamando el «Papa de la primera vez». Es la primera vez que hay un Papa con este nom-

bre, la primera vez que viene de un país no europeo, la primera vez que es un jesuita, la primera que convivirá con otro
Papa, aunque ya emérito. Y la primera vez que es un Papa
latinoamericano. Él mismo lo dijo. Los cardenales habían
ido a buscarlo a la otra parte del mundo. Un cambio geoestratégico, una apuesta de la Iglesia por los países emergentes
al otro lado del Atlántico, donde se concentra el mayor número de católicos, el país sudamericano más europeo de todos: Argentina.

Nadie olvida estos días el papel relevante de Juan Pablo II
en el desarrollo político de Polonia y la evolución de todo el
bloque soviético, así como su significación en la caída del
muro. No falta quien ve en esta elección del cardenal de Buenos Aires, un guiño al desarrollo de los países del Cono Sur
en particular y de Latinoamérica en general. Sus afinidades
con Juan Pablo II, así como algunos de sus gestos y pensamientos llevan a pensar eso, pero Bergoglio no es un político
ni un estratega geopolítico, aunque ha sido considerado un
fustigador de la política argentina y de las corruptelas guber-
namentales. Lo que sí está claro es que la presencia de este
nuevo perfil del Papa es una respuesta de la Iglesia a la geopolítica en el planeta. Ya no es el problema el bloque Este-Oes-
te, que Juan Pablo II ayudó a desmoronar. Ahora el muro es
la lacerante brecha entre Norte y Sur que marca las fronteras
de la pobreza. Así debería interpretarse la llegada al solio
pontificio de un hombre procedente de la otra parte del mundo: ya no es el papado una institución europea, asentada en
un escenario con reminiscencias imperiales. Eso ya no es de
recibo. Hoy el escenario debe ser distinto. El Papa ya no debe
parecerse a un emperador, ni a un rey que defiende sus Estados Pontificios, sino a un padre que acoge a todos, y especialmente a los pobres. Para eso no tiene recursos políticos, sino
la fuerza espiritual que trae de los países pobres. Los gobiernos europeos abrirán los ojos, como deberán abrirlos las ins-

tituciones sociales, mercantiles y bancarias. El Sur no debe ser un granero. El papa Francisco viene a romper ese otro muro, el de la pobreza, más vergonzante que el de Berlín. En una Europa en crisis, a la que Benedicto XVI entregó todas sus fuerzas, hace falta un aire que venga del Sur, para recordarle su gran herencia, pero también su gran responsabilidad. Este es el nuevo mapa que se abre en la geopolítica mundial. El discurso de Ratzinger estaba dirigido a las grandes elites del pensamiento relativista, el de Bergoglio irá destinado, con gestos y sencillas palabras, al mundo de la marginación y la pobreza. Somos responsables de la sangre del hermano, del hambre y la miseria de los pobres. Y este mensaje le hacía falta al mundo entero. El mensaje del papa Francisco rebasa fronteras y se pone como indicador europeo. La Iglesia, que sabe de estrategias, ha dado el primer paso. En eso Francisco es muy parecido a Juan Pablo, pero en otros escenarios. Y los cardenales lo han entendido. Dos Papas para suceder a Ratzinger. Uno se dedicaría al aula y el otro a las zonas pobres del planeta, pero ambos a la conciencia de un primer mundo que ha abandonado a Dios y a sus preferidos, los pobres. Un nuevo mapa que se irá rellenando conforme avance el tiempo y se conozca el diseño del nuevo Colegio Cardenalicio. Y en Latinoamérica ha llegado el momento de un nuevo modelo que no pasa ni por los gobiernos de corte imperialista que promueven el liberalismo económico salvaje, ni tampoco por el mesianismo de Venezuela, Bolivia o Ecuador. Hay nuevas referencias, que no tienen por qué pasar por Estados Unidos. En Roma se ha empezado a dibujar la nueva geopolítica de Latinoamérica.

Pero si hay alguien que conoce bien lo que sucede en los países del Cono Sur, es precisamente este nuevo Papa, acusado en muchas ocasiones de fustigar a políticos liberales agresivos y de desconfiar de guerrillas que llevan la cruz y *El capital* de Marx en la bandolera. Bergoglio, con posturas conservadoras

en los temas de siempre, como le sucedió al cardenal Tarancón
en la España de la transición, ha sabido, sin embargo estar al
lado de quienes realmente sufren. Desde febrero de 1998 viene siendo arzobispo de Buenos Aires y primado de Argentina,
el primer jesuita que ostenta este título. Una carrera meteóri-
ca, que no obstante ha realizado «con humildad, discreción y
modestia». Prefería vivir fuera del palacio episcopal, atender
a un sacerdote anciano con el que vivía, cocinar su propia comida, viajar en metro o autobús y llevar una vida discreta. Es
un intelectual de forma distinta a como hasta ahora se en-
tiende la intelectualidad.

Es un hombre de acción, la acción que caracteriza a alguien forjado en la espiritualidad ignaciana. No en las lides
ideológicas de la Teología de la Liberación, en boga desde los
años posteriores al Concilio Vaticano II, con la que llegó a
tener sus diferencias, incluso con el padre Arrupe. Siempre
fue un detractor de la lucha de clases que la Teología de la
Liberación defendió, y Juan Pablo II entendió que el cardenal
Bergoglio podía ser una de sus piezas para la renovación que,
junto al cardenal Ratzinger, llevó a cabo desde 1985 entre los
teólogos latinoamericanos.

DEL BARRIO DE FLORES

El papa Francisco es el antiguo arzobispo porteño de Buenos
Aires que se desplazaba por la ciudad en colectivo; que antes
de viajar a Roma para el cónclave que lo elegiría tuvo que
hacerse con unos zapatos nuevos, con un calzado acorde con
un boato que tanto rechazo le provoca. El ya exarzobispo de
Buenos Aires es el Papa jesuita, el Papa de la orden que tras
el Concilio Vaticano II abandonó su atalaya en las universidades y descendió a las comunidades para dar a conocer la
palabra de Dios a los más necesitados, recordando tiempos

de compromiso con los más pobres, alejado de las salas principescas. Se dice que hay tres clases de jesuitas. Los de *Ignacio*, situados en las lindes de la marginación y la pobreza, muy próximos al materialismo histórico marxista y avezados militantes de la Teología de la Liberación. Los de *don Ignacio*, dedicados al mundo de la investigación, las universidades y la docencia, los preclaros hombres de pensamiento teológico y general. Y los de *san Ignacio*, más comprometidos con la santidad, con la austeridad, con una vuelta a la renovación interior. Bergoglio es de estos últimos y ya hay jesuitas que recuerdan su lucha en Argentina por volver a la verdadera Compañía, alejándose del compromiso político. Sus diferencias con el padre Arrupe son conocidas. Pese a todo, es un Papa sencillo a la vez que erudito. El Papa latino, nacido en Argentina, hijo de la emigración, como tantos otros católicos de un país eminentemente católico, descendientes de los barcos, como dijo Octavio Paz. El Papa que tiene ante sí el reto de dar una respuesta a los cabos sueltos que el perfil teórico de Benedicto XVI no pudo amarrar. El matrimonio homosexual, el papel de la mujer en la Iglesia, el uso del anticonceptivo, el Vatileaks, la pederastia en las filas de una parte del clero. Retos que analizaremos en este libro.

Jorge Mario Bergoglio nació en Buenos Aires el 17 de diciembre de 1936, hijo de emigrantes italianos, del Piamonte. Es el mayor de los cinco hijos del matrimonio. De sus padres, Mario, un empleado ferroviario, y Regina, un ama de casa, aprende el significado de la sencillez y la humildad. Su vida transcurre en una barriada de clase media, en Flores, donde abundaban las casitas bajas y un ambiente típicamente porteño. En una de ellas reside una de las dos novias que se sabe que tuvo siendo adolescente, Amalia Damonte, quien hoy, a los setenta y seis años, cuenta una anécdota ya bien conocida: «O me caso con vos, o me meto a cura», rezaba la carta que el joven Bergoglio le mandó a la *mina*. Si no aceptaba, se metería a cura. Si ella hubiese dado el «sí, quiero», la Iglesia no celebraría el primer nombramiento de este hombre como el Papa número 266 de la historia de la Santa Sede.

Descartado el enlace terrenal, Bergoglio siente la llamada de la religión con veintiún años. Ingresa en el seminario del barrio Villa Devoto como novicio jesuita en 1957. Antes cursa la escuela secundaria y obtiene el título de técnico químico. Aunque tiene una firme voluntad, su salud no es tan robusta, y con veintiún años se le extirpa parte de uno de sus pulmones. Bergoglio completa su formación en el Seminario Jesuita de Santiago de Chile, donde también se matricula en Ciencias Clásicas y estudia historia, literatura, latín y griego. En aquella época se le vincula con movimientos juveniles afines al peronismo, con el grupo Guardia de Hierro. Finalmente es ordenado sacerdote el 13 de diciembre de 1969. Reside temporalmente en España, en la localidad madrileña de Alcalá de Henares, el último trimestre de 1970 y en los primeros meses de 1971, donde hace la llamada tercera probación de su noviciado. Bergoglio asciende con paso firme en la orden y llega a ser provincial en Buenos Aires entre 1973 y 1979.

El 20 de mayo de 1992 el jesuita es nombrado obispo titular de Oca para ejercer como uno de los obispos auxiliares de la archidiócesis de Buenos Aires. La delicada salud del arzobispo, Antonio Quarracino, desencadena el nombramiento de Bergoglio como obispo coadjutor y, finalmente, a raíz de su fallecimiento, se convierte en su sucesor el 28 de febrero de 1998, cargo que lleva añadido el título de primado de la Argentina. Como arzobispo, Bergoglio es también miembro de la Conferencia Episcopal Argentina, cuya presidencia ostenta durante dos períodos, desde 2005 hasta noviembre de 2011, y no puede acceder a un tercer mandato porque él mismo ha vetado esta posibilidad en su normativa. Formó parte también del Consejo Episcopal Latinoamericano, el CELAM.

El nuevo arzobispo empieza a revolucionar usos y costumbres en la diócesis. Su personalidad y su estilo sencillo causan estupor en propios y extraños. Bergoglio vive en un apartamento en vez de vivir en el palacio episcopal. Usa el autobús y el metro. Cocina su propia comida.

El 21 de febrero de 2001 asciende al purpurado de la mano de Juan Pablo II. Es nombrado cardenal presbítero con el título de San Roberto Belarmino. El cargo implica la participación en la Comisión para Latinoamérica, la Congregación para el Clero, el Pontificio Consejo para la Familia, la Congregación para el Culto Divino y la Disciplina de los Sacramentos, el Consejo Ordinario de la Secretaría General para el Sínodo de los Obispos y la Congregación para los Institutos de Vida Consagrada y las Sociedades de Vida Apostólica.

Amante de la ópera y el tango, fanático del fútbol —seguidor del Club Atlético San Lorenzo de Almagro—, lector de Borges y Dostoievski, siempre está dispuesto a caminar, pasear, conversar y sonreír. Con él ha llegado un estilo nuevo, el estilo argentino. Maradona, Messi y ahora, el Papa. «Dios es argentino», dicen con sorna los porteños, tan dados a la exageración.

IGLESIA Y PODER TERRENAL

Ya antes del cónclave de 2005, desde Argentina, se escucharon voces que lo acusaban de no haber hablado durante la dictadura de Videla y de haber silenciado las desapariciones. Con motivo de su elección el pasado mes de marzo de 2013, han vuelto las acusaciones, aunque inmediatamente jueces, víctimas y compatriotas las han negado. Como ya se ha dicho, Pérez Esquivel, el Nobel de la Paz de 1980, salió al paso negando las acusaciones y aclarando que, a lo sumo, el trabajo de Bergoglio en aquellos duros momentos fue discreto.

El nombramiento del padre Jorge Mario Bergoglio como provincial de los jesuitas en Buenos Aires entre 1973 y 1979 coincidirá con tiempos difíciles. Entre los años 1976 y 1983 la Junta Militar de Videla gobernaba con brutalidad y mano de hierro el país austral con la pretensión de extirpar cualquier vestigio de izquierdismo. Las relaciones entre Iglesia y Estado no eran fáciles en un país profundamente católico y a la vez sacudido por las convulsiones políticas que removían las conciencias del subcontinente latinoamericano. Bergoglio, como superior de la Congregación de los Jesuitas, se vio envuelto en un episodio cuya sombra le persigue aún a día de hoy. El 23 de mayo de 1976 dos miembros de su orden, el argentino Orlando Yorio, ya fallecido, y el húngaro Francisco Jalics, hoy residente en Alemania, desaparecían en la villa miseria de Bajo Flores. Un grupo de militares secuestraron a los religiosos y los trasladaron a la Escuela de Mecánica de la Armada, la temida ESMA, donde permanecieron retenidos durante cinco meses. Los cautivos fueron torturados.

Las habladurías populares presentan cargos contra Bergoglio. Se le acusa de haberse desentendido de sus subordinados. Seis meses después los militares liberaron a los curas obreros y el episcopado recibía al jefe de Estado Mayor, el general Roberto Viola, y al ministro de Economía, José Martínez de Hoz. En el año 2000 Orlando Yorio murió sin aceptar los argumentos de Bergoglio y sin llegar a perdonarlo; Francisco Jalics, tras el secuestro, llegó a reunirse con su superior. Hablaron y zanjaron la cuestión. Oficiaron juntos una misa y sellaron la reconciliación con un abrazo solemne ante la presencia de una multitud de fieles.

Bergoglio siempre negó la acusación, siempre mantuvo que las aguas bajaban revueltas y que las relaciones con el poder eran delicadas e incluso peligrosas. En el libro *El jesuita, conversaciones con el cardenal Jorge Bergo-*

*glio,** de los periodistas Francesca Ambrogetti y Sergio Rubín, sostiene que realizó gestiones ante los dictadores Videla y Massera para la liberación de los sacerdotes. El Premio Nobel de la Paz argentino, Adolfo Pérez Esquivel, declaró en una reciente entrevista a BBC Mundo que «no hay ningún vínculo» que relacione a Bergoglio con la dictadura entre 1976 y 1983. «Hubo obispos que fueron cómplices de la dictadura, pero Bergoglio no», sentenció. También apostilló que al actual Francisco «le faltó coraje para acompañar nuestra lucha por los derechos humanos en los momentos más difíciles». Otros cuentan que prefirió el trabajo silencioso y negociador. Son muchos los argentinos a quienes los actuales políticos han acusado de no haber abandonado el país, de no haberse exiliado. Ellos, sin embargo, creían en la negociación desde dentro.

Bergoglio, por entonces provincial de los jesuitas, también tuvo que hacer frente a acusaciones que lo vinculaban con el robo de bebés, sobre todo por parte de las abuelas de plaza de Mayo y, en alguna ocasión, por la fiscalía de Buenos Aires. En 2012, los obispos argentinos, a través de la Conferencia Episcopal Argentina, a cuya cabeza se encontraba Bergoglio, pidieron públicamente perdón al pueblo por no haber estado a la altura de las circunstancias en tan tenebrosa etapa de la historia del país.

Las tensiones con el poder político no se detuvieron tras la dictadura. Ya en democracia, los embates se iniciaron con Néstor Kirchner, el dirigente con apellido alemán que significa, para más inri, «sacristán». Y continuarán con su viuda, Cristina Fernández. En 2010 Bergoglio se opuso a los movi-

* Francesca Ambrogetti y Sergio Rubín, *El jesuita, conversaciones con el cardenal Jorge Bergoglio*, Barcelona-Buenos Aires, Vergara, 2010.

mientos legislativos que la presidenta promovía para regular el matrimonio homosexual. El cardenal, en una carta a las religiosas carmelitas de Buenos Aires días antes de la aprobación de aquella ley, exhortó a las monjas a pedir por los legisladores para que hicieran un bien a la patria, mediante la cita bíblica «esta guerra no es vuestra sino de Dios». «No se trata de una simple cuestión política sino de la pretensión de destruir el plan de Dios», concluyó en aquella carta. Los roces con el partido gobernante explican la tibieza con que Cristina Fernández de Kirchner recibió el nombramiento papal: la presidencia de la República felicitó al primer pontífice latinoamericano de la historia con una carta rigurosamente protocolaria que llegó a su destinatario una hora después de su nombramiento. No obstante, el día anterior al inicio oficial del pontificado de Francisco, el Papa recibió a la presidenta argentina en los Palacios Apostólicos. En otras cuestiones como el aborto, la eutanasia o la anticoncepción, Bergoglio también ha mantenido su afinidad con los sectores oficiales de la Iglesia.

Las desavenencias con los gobiernos han alcanzado también la cuestión social. En un dardo al gobierno federal, el cardenal Bergoglio deja para el recuerdo su sonada intervención en 2009 en un seminario sobre Políticas Públicas, organizado por la Escuela de Posgrado Ciudad Argentina (EPOCA), la Universidad del Salvador (USAL) y la Universidad Carlos III de Madrid. El por entonces primado de la Iglesia argentina sostuvo que «los derechos humanos no solo los viola el terrorismo, la represión y los asesinatos, sino también las estructuras económicas injustas que originan grandes desigualdades».

Lo cierto es que nunca calló y que siempre estuvo en la primera línea de la defensa de los más pobres y en contra de las políticas neoliberales, que según él estaban contribuyendo a la disolución nacional. Denunció con vehemencia las políticas que hacían más pobres a los pobres, e incluso asistió a algunas de las «caceroladas» de protesta en el centro de Buenos Aires. Asimismo, denunció el clientelismo político y no ahorró críticas contra algunas de las leyes de los presidentes Menem, De la Rúa o de la actual Cristina Fernández, a quien no solo acusó por la reciente ley sobre parejas del mismo sexo, sino también por muchas de las corrupciones actuales. El enfrentamiento con el anterior presidente, Néstor Kirchner, fue duro hasta el punto de que el político acusó al cardenal de ser el representante de la oposición por haberlo tachado de «progresista adolescente» tras las declaraciones en las que el presidente dijo por qué se negaba a asistir a los funerales de Juan Pablo II.

No es extraño, pues, que poco después de su nombramiento como Papa el pasado 13 de marzo, Bergoglio declarase ante miles de periodistas acreditados en Roma que «le gustaría una Iglesia pobre para los pobres». Pidió a sus cardenales que tuvieran el coraje de «cargar con la cruz de Cristo», de volver a llevar «una vida irreprochable», «de salir de sus palacios y mezclarse con la gente que los necesita». «Si no confesamos a Jesucristo —añadió—, nos convertiremos en una ONG piadosa, pero no seremos Iglesia».

Esa cercanía que pide a la curia respecto a todos los estratos sociales también la procura Francisco en la relación del cristianismo con otras confesiones. En su primer día como pontífice remitió una misiva al rabino supremo de Roma en la que señalaba su voluntad de estrechar los vínculos entre ambas religiones. Esta sensibilidad no es nueva en Francisco. Su libro *Sobre el cielo y la tierra** recoge las conversaciones mantenidas con el rabino Abraham Skorka, rector del Seminario Rabínico Latinoamericano.

---

* J. M. Bergoglio y Abraham Skorka, *Sobre el cielo y la tierra*, Buenos Aires, Sudamericana, 2010.

LOS NUEVOS MOVIMIENTOS Y EL PAPA

Preocupa mucho qué piensa Francisco sobre los nuevos movimientos con fuerza en la curia. Hay quien ha hablado de cisma interno, de fragmentación desde arriba, de apoyos en detrimento de otros. Hay quien ha acusado a los últimos Papas de haber dejado que la Iglesia esté en manos de los nuevos monjes soldados. En el Vaticano, en las diócesis y en muchos organismos de responsabilidad, la presencia de estos movimientos ha ido creciendo en los últimos años, ante la preocupación de otras muchas sensibilidades eclesiales. Las congregaciones religiosas venían sufriendo desmanes y olvidos, pese a estar en la vanguardia de muchos lugares difíciles, dada la pobreza y la marginación, en las misiones y en los lugares periféricos. No se sienten queridos. El hecho de que el nuevo Papa sea religioso les ha levantado las esperanzas. Al menos encontrarán quien los entienda. Con Juan Pablo II, la curia estaba repleta de miembros del Opus Dei, de Legionarios de Cristo hasta que se supo todo lo que traía entre manos su fundador, de miembros del Camino Neocatecumenal. Benedicto XVI empezó a confiar más en otros ámbitos de la Iglesia, pero el poder de los movimientos seguía y les aseguraba la masiva presencia allá donde se desplazara el Papa con formas a veces que rayaban la papolatría más delirante.

El mismo día que fue elegido el nuevo Papa recibí una llamada de Argentina. Mi interlocutor, un laico muy comprometido con un nuevo movimiento bien conocido en España me dijo: «Ahora estaréis contentos los cristianos de las parroquias y de las diócesis. Este hombre es de los vuestros porque a los movimientos no nos quiere ni nos deja trabajar». Extraño. No será así: «El Papa ha de serlo de todos. Estoy seguro, no de unos pocos. Y será de todos», le respondí. Por lo que me decía mi interlocutor argentino, este Papa iba a ser el de todos los que están «en tierra de nadie», es decir, una tierra en la que caben todos, sin que nadie sea más que nadie. El primer domingo tras su elección ya celebró la misa en una parroquia. Lo hizo en la del Vaticano, intramuros. A la salida saludaba a los asistentes como un párroco más, una costumbre muy propia de las tierras de donde procede.

Y es que en estos nuevos movimientos la elección ha supuesto una sorpresa. El primero en reaccionar fue el Opus Dei. Un comunicado desde la Sede Central felicitaba al Papa y le mostraba su devoción y obediencia. Muy pronto empezaron a correr la voz de que hace ya unos años, Bergoglio visitó la tumba de san Josemaría Escrivá de Balaguer. Como todo el que es invitado a su casa por cortesía se dejó acompañar y rezó. En Buenos Aires mantenía buenos contactos personales con algún responsable del Opus Dei e incluso visitó algunas de sus obras, aunque, como sucedió con otros movimientos, nunca les dio la exclusividad de la pastoral. Se siente más cercano a la figura del fundador que a la Obra, a la que trató siempre con agradecimiento pero sin especial preferencia. También el Camino Neocatecumenal, a través de unas declaraciones de Kiko Argüello, manifestó que el Papa se había mostrado siempre muy cercano al Camino Neocatecumenal. Lógico. Es demasiado educado como para echar a nadie del despacho. Ambos, Opus Dei y Camino, además del Movimiento de los Focolares, han sido acogidos siempre en la archidiócesis de Buenos Aires. Bergoglio era un arzobispo de sumas y multiplicaciones. Y ellos sumaban y multiplicaban. Lo que nunca hizo fue darles la exclusiva tarea de restar y dividir. Como sucede con Comunión y Liberación, cuyo responsable emitió también un comunicado, como no podía ser de otra forma, de felicitación, apoyo y colaboración. En Francisco, los nuevos movimientos han encontrado a alguien que los respeta, pero que no les dará la exclusiva de nada. El Pueblo de Dios que camina, algo que repite con acento y subrayándolo, no es de nadie. Es de todos y cada uno tiene su lugar. Y esto es revolucionario si tenemos en cuenta la geografía de estos grupos en la Iglesia de los últimos años.

Pero esa tarde de marzo, cuando todos quedábamos sorprendidos ante la elección, pese a tener su lógica interna, todos trataban de buscar una relación con él o alguna información sobre su biografía. Pero hubo algo que de forma especial quedó en el recuerdo de los periodistas en el aula Pablo VI, durante la recepción para agradecerles los trabajos de este mes de cónclave. Y es que no dio la bendición. Por primera vez, el Papa no bendecía con la cruz tripartita. Las bendiciones que se venden en los puestos vaticanos quedaban devaluadas. Su bendición era de otra forma. Y a los no creyentes les pedía permiso para bendecirlos. Revolución en las formas, pero también en el contenido: «Les dije que les daba de corazón la bendición. Como muchos de ustedes no pertenecen a la Iglesia católica, otros no son creyentes, de corazón doy esta bendición en silencio a cada uno de ustedes, respetando la conciencia de cada uno, pero sabiendo que cada uno de ustedes es hijo de Dios. Que Dios los bendiga». Un Papa menos divinizado, más humanizado. Los vicarios de Cristo en la Tierra son los pobres. Él es un simple sucesor de Pedro. Y dijo más: «Cristo es el Pastor de la Iglesia, pero su presencia en la historia pasa a través de la libertad de los hombres: uno de ellos es elegido para servir como su vicario, sucesor del apóstol Pedro; pero Cristo es el centro, no el sucesor de Pedro: Cristo. Cristo es el centro. Cristo es la referencia fundamental, el corazón de la Iglesia. Sin él, ni Pedro ni la Iglesia existirían ni tendrían razón de ser [...]. ¡Ah, cómo quisiera una Iglesia pobre y para los pobres!». Mientras lo oía, yo me sonreía recordando a un tertuliano, muy amante del Papa, que la noche anterior, en un programa de televisión, me decía que, ante todo, el Papa es vicario de Cristo. Al día siguiente, le recordaba que no, que solo es el sucesor de Pedro. Lo dijo él mismo.

2

UN PERFIL ESPERANZADOR EN DIEZ PUNTOS

Con la urgencia y la emoción, con la sorpresa y la ilusión, escribir se hace complicado. Muchos datos, pero también muchas intuiciones. Cada día que pasa sorprende más el inicio del pontificado del nuevo papa Francisco. Voy a esbozar diez intuiciones de su perfil, siguiendo los datos que nos llegan y contemplando los grandes desafíos que se presentan. Estas intuiciones podrán ser con el tiempo revisadas, pero esta aproximación a los dos pontificados quiere ser una aportación al estudio posterior de la Iglesia en los inicios del milenio.

1. *En la línea de los últimos Papas.* Hay que cuidarse de los juicios precipitados. Valorar los gestos del papa Francisco, necesarios y urgentes, no es creer que abrirá las puertas a temas que en el mundo se vienen cuestionando sobre la vida de la Iglesia. No será Francisco un Papa que apruebe una ley para que las mujeres puedan acceder al sacerdocio, ni aprobará las uniones entre parejas del mismo sexo. En los temas de bioética abrirá la mano a la misericordia entrañable, pero se mantendrá firme en la doctrina moral tradicional. Conviene saberlo para evitar futuras frustraciones. Bergoglio no es un Papa revolucionario de la moral tradicional. Está en la línea de sus antecesores, especialmente de Juan Pablo II en materias como la familia y la vida. Sus posturas y sus manifestaciones están claras y publicadas. No se espere, pues, una revolución en estos temas fronterizos. Su guerra es otra. Su

batalla es la Iglesia más samaritana. Y quizás sea eso lo que hace falta. No se puede olvidar que en el cónclave de 2005 quedó después de Ratzinger en las votaciones, pero, como veremos más adelante, el elegido no podía ser otro que Benedicto XVI por muchas razones. Un pontificado tan largo no se podía cerrar de modo brusco, ni tan siquiera en lo que se refiere a las formas. Bergoglio lo entendió. Pero entonces, como ahora, Francisco es heredero de Juan Pablo II. Podría decirse que el papa Wojtyła ha tenido dos herederos. Uno el que se ha retirado, que no abandonado. El otro, el que se quedó a las puertas. Es verdad que su elección ha causado sorpresa por muchas razones, pero no se debe olvidar que los últimos Papas han sido elegidos por criterios de lógica interna (Pío XII y la Segunda Guerra Mundial ya en ciernes; Pablo VI y la continuación del Vaticano II; y Ratzinger tras el largo pontificado de Wojtyła). Las tres elecciones se hicieron dando la continuidad aconsejada a una institución poco dada a movimientos bruscos. Los otros tres, Juan XXIII, Juan Pablo II y Francisco fueron sorpresas, deseo de la Iglesia de cambiar las formas y el escenario. Todos siguen una tradición homogénea en lo doctrinal, aunque la experiencia pastoral, la historia personal y el carisma peculiar hizo de los tres unos Papas abiertos, innovadores y capaces de hacer que la Iglesia, con su gran maquinaria, avance. En la Iglesia los ritmos y los tiempos son bien distintos. Por lo tanto, que no se sientan defraudados quienes buscan cambios sorpresivos. Los cambios no serán cosméticos, pero tampoco seguirán la agenda de la opinión pública y publicada. En algunos ambientes de Latinoamérica hay cautela a la hora de juzgar. Alegra que sea un papa del continente, aunque hay ciertos reparos en relación con la teología que apoya. Serán cambios dentro de la tradición de la Iglesia que tiene entre algunos de sus lemas el ya bien conocido, «semper reformanda». Las opiniones del cardenal Bergoglio sobre temas morales ya son conocidas, pero también son conocidas sus apreciaciones sobre la misericordia y el perdón. No es un teólogo, sino un pastor. No es un hombre de libros, como aconsejaba san Francisco, sino de cercanía, y es esa cercanía la que hará que prime una Iglesia más madre que maestra, aunque no deje de decir lo que deba, pero siempre desde el respeto y la misericordia. Lo hará con los cristianos divorciados y vueltos a casar, con el bautismo de hijos de no casados por la Iglesia, con quienes sufren por cualquier causa. El primado de la conciencia.

2. *Una Iglesia austera y alejada del poder.* El papa Francisco hará lo posible para alejar de la Iglesia la tentación de poder, las formas de poder obsoleto y demasiado imperiales. El boato que en la liturgia puede llegar a alejar a muchos, el protocolo más propio de cortes bizantinas o de cortes europeas decimonónicas, quedará desterrado por un protocolo más de hermanos que de eminencias. No facilitará las estrategias políticas, a no ser que sirvan para romper el muro entre pobres y ricos. Y en esto, este jesuita austero va a dar muchos titulares a la prensa, convencido como está de que en la Iglesia hacen falta más gestos, más compromiso samaritano. Su biografía está jalonada por este aspecto. Pero, además, Bergoglio sabe cuándo y cómo ha de intervenir la Iglesia en los asuntos públicos. Respetará siempre las decisiones del César, pero nunca se doblegará ante nada que ponga en peligro la justicia y la verdad. En ese sentido, propiciará una Iglesia más profética que estratégica. Su perfil ayudará a mostrarle a nuestro mundo globalizado una manera de gobernar con decisión, pero con ideas claras y renovadoras. No es un caudillo latinoamericano, ni un diplomático europeo. Su único programa será el de la austeridad y la lejanía del poder.

3. *Una apuesta por la colegialidad episcopal.* En este aspecto intraeclesial el papa Francisco tiene claro el papel de los obis-

pos en las diócesis y la misión de las conferencias episcopales, una creación del Vaticano II. Trabajará de forma especial los sínodos como expresión de colegialidad, como demostró en el que le tocó coordinar en 2001 ante la ausencia del obispo encargado, que tuvo que marcharse a Estados Unidos tras el atentado contra las Torres Gemelas. Facilitó la colegialidad. Y este aspecto será algo que tendrá en cuenta el nuevo Papa. La misión de cada obispo en su diócesis había sido neutralizada en los últimos años por un centralismo romano excesivamente fuerte, que dejaba las diócesis como simples sucursales de Roma. Lo demostró en Argentina y en sus tareas en el CELAM. El diálogo y trabajo codo con codo con los obispos. Y ya ha empezado a hacerlo. Al presentarse como obispo de Roma puso a su lado al cardenal vicario de Roma, la Iglesia que preside a todos en el amor. Y en este aspecto se pasará de la teoría (muy clara en la eclesiología de Ratzinger, pero no en la práctica, por falta de experiencia pastoral) a la práctica. Si algo tiene Bergoglio es experiencia de trabajo en comunión, sumando y multiplicando. A veces le ha tocado ser enérgico, como sucedió en su época de provincial de la Compañía de Jesús en Argentina (donde se le acusó de dejar una provincia jesuítica dividida), pero siempre ha actuado con claridad de ideas y aceptando la responsabilidad que comporta gobernar. No es de los que dejan hacer con amplia sonrisa. Es de los que actúan. Posiblemente es lo que aprendió al gobernar una de las diócesis más grandes del mundo, durante mucho tiempo. Aportar muchos quilates de eclesialidad conciliar a las relaciones de las iglesias particulares con la Iglesia de Roma. En lo que se refiere a la Pontificia Comisión para Latinoamérica, una de las prioridades será hacerla más operativa y conseguir que los obispos de aquellos países no sientan la lejanía y el abandono que en estos últimos años han experimentado; una lejanía que estaba a flor de piel e iba acompañada del sentimiento de que la Iglesia, demasiado europea, no les escuchaba.

4. *Ayudará a un cambio geoestratégico global*. Ya no es Europa quien gobernará la fuerza espiritual más grande del mundo. También en los países del hemisferio sur hay quien sabe gobernar Europa. Y esto quedará claro con un Papa que nació en un país alejado, se formó en Europa y formó parte de una orden global, como es la Compañía de Jesús, una orden que siempre estuvo en los márgenes de la pobreza, de la ciencia, de la espiritualidad, de la cultura y de todos los ámbitos del planeta. La Santa Sede ha perdido prestigio en los últimos años. Es algo constatado. En ocasiones algunas actuaciones diplomáticas mantuvieron lazos con algunas dictaduras de las repúblicas latinoamericanas. La Iglesia, ya lo dijo Ratzinger, debe abrirse a un nuevo modelo de presencia global. La Santa Sede tiene una misión más espiritual que política. Y en eso el nuevo Papa será un adalid preclaro. No habrá identificación política de la diplomacia, pero sí un trabajo de apertura de diálogo. Una diplomacia entendida como actuación para colaborar en el bien común, pero también para despejar los obstáculos que pueden hacer que la Iglesia no predique el Evangelio o esté perseguida. De ahí que el secretario de Estado que elija el Papa sea una de las medidas que se esperan con mayor interés. Según el perfil se verá hacia el alcance de su visión estratégica, que tendrá en Oriente Medio, Asia y Estados Unidos una importancia peculiar, sin olvidar China. De modo que el nombramiento de la figura que sustituya al cardenal Bertone, cansado y quemado tras los últimos acontecimientos curiales, será crucial.

5. *La comunión fragmentada*. Este es uno de los problemas en los que se volcará más. Su predecesor puso mucho énfasis en el diálogo ecuménico e interreligioso. Pero no tanto en la comunión en el interior de la misma Iglesia. Bergoglio será un hombre que hará lo posible para acercar grupos a la comunión, aunque tenga que dejarse la piel en el intento. Y ur-

gente es hacerlo en países como Austria y Alemania, o incluso en Estados Unidos donde las iglesias se están viendo zarandeadas por una división que raya en lo cismático. Su perfil conciliador lo hará ser un hombre de puentes y de diálogo, de perdón y de misericordia. Primará más el abrazo que el manual de instrucciones. El papa Francisco cree más en la misericordia que en la ley. Lo demostrará. Y estará abierto a la comunión de la Iglesia sin la fragmentación de grupos que han sido auspiciados por sus antecesores. En este sentido, su doctrina es el Vaticano II en su genuina idea de comunión eclesial.

6. *Un jesuita reformador.* Hay mucho interés en qué sucederá con la Compañía de Jesús. Son conocidas, como ya hemos dicho, sus apreciaciones sobre el rumbo de la Compañía de Jesús en los últimos cincuenta años. Un obispo deja de pertenecer a la Compañía al ser consagrado. Un Papa, aún más. Pero además, la Compañía tiene un cuarto voto: el de obediencia al Papa. Ahora un Papa Blanco y un Papa Negro, ambos jesuitas. Con sangre ignaciana en las venas. El Papa suele macar rumbos en las congregaciones que se celebran. La Compañía suele plantear retos. Queda pendiente ver hasta dónde se armonizan ambas funciones. Esta no es una cuestión baladí, pues de esa armonía, de ese respeto y de esa pasión por la evangelización en las fronteras dependerán muchas cosas. Es verdad que es un nuevo momento, pero también es verdad que ahora la Compañía de Jesús tiene otro interlocutor. Conoce su pensamiento, el mismo que marca el estilo jesuita. En la sede de Pedro este estilo está presente y una revisión de los *Ejercicios* de San Ignacio podría ayudar mucho para entender al papa Francisco, y esa mezcla de jesuitismo y franciscanismo renovador que ya ha entrado en Roma. Ignacio de Loyola y Francisco de Asís. Dos figuras interesantes que en la sede de Pedro contribuirán a inaugurar una etapa nueva.

7. *Más pastor que teólogo.* No quiere decir que al nuevo Papa no le interese la teología. Pero lo cierto es que la pastoral prima en su biografía y primará en su pontificado. Bergoglio es un Papa monje, no un Papa teólogo; un Papa inteligente, pero no erudito; un Papa reformador, no un Papa de teólogos, pero muy respetuoso con el trabajo teológico. En una época de teología más europea, instalada en los aledaños de Roma, quizás ha llegado la hora de atisbar nuevas perspectivas. El nuevo Papa las alentará, pero no se puede esperar que no se sujeten de la mano de Roma: Bergoglio admite teologías abiertas, pero prefiere las de cabecera, las que estudió en sus años europeos. No consdera inconvenientes, e incluso los ve positivos, algunos esfuerzos como los que Gustavo Gutiérrez y algunos teólogos del grupo llamado Amerindia proponen, pero prefiere los suyos. Lo que sí parece claro, y así lo muestra su biografía, es que la condena no llegará sin que se haya ofrecido antes un diálogo, más que en el nivel teórico, en el de la mesa de la fraternidad. Suceder a un Papa teólogo es difícil, pero necesario para suavizar los estudios teológicos, a los que se les impide avanzar. Hombre abierto a consejos, hará de la Congregación para la Doctrina de la Fe un observatorio más global y menos europeo.

8. *El pueblo sencillo lo querrá.* Eso está cada vez más claro, con cada día que pasa. El papa Francisco se ha metido al pueblo sencillo en el bolsillo. No han hecho mella en su popularidad ni la campaña acusándolo sin pruebas de silencio ante la dictadura argentina, ni tampoco sus posiciones sobre el matrimonio homosexual. Tampoco le afecta a la gente que sea jesuita y no de otra orden (algo que, como decía el cardenal Martini refiriéndose a la envidia clerical, es uno de los graves pecados del clero). El pueblo sencillo ama los gestos y se siente feliz ante la elección del nuevo Papa. Y esto, en momentos en los que la credibilidad de la Iglesia hace aguas, es

importante. En este sentido el papa Bergoglio facilitará, como ha hecho con creces en su experiencia pastoral, la participación de los laicos en la vida de la Iglesia.

9. *La curia encontrará su ritmo espiritual.* Es su primera misión. Es lo que le han pedido los cardenales: reformar la curia y devolverle su misión más espiritual. Para ello empezará a contar con los muchos curiales que entienden que es necesaria esta reforma. Apartará a quienes no la entiendan y llegará a cuajar un diseño curial más de servicio que de poder; de estrategia más espiritual que política. Será importante conocer el informe Vatileaks y otros muchos que se esconden en los sótanos del Vaticano. Hay una convicción clara. Y es que el nuevo Papa pondrá orden en las finanzas, alejará a quienes han llevado una política de silencio ante los escándalos y será revolucionario en las formas. Y quizás sea eso lo que se le pide ahora, más allá de otros temas doctrinales. Una lucha para que la Nueva Evangelización que está sobre la mesa, arranque con una renovación interna. Y después vendrá quien la desarrolle. Cada día se escucha con más fuerza la proximidad entre Bergoglio y Juan XXIII, el Papa que trajo a la Iglesia un nuevo aire pero que no pudo verla reformada.

10. *España, una asignatura importante.* Aunque dedicamos un capítulo aparte a la Iglesia española que encontrará el nuevo Papa, sí es bueno advertir en este somero perfil que el papa Bergoglio conoce, y muy bien, lo que sucede en España. Tiene muchas fuentes de información y no solo conoce la situación actual de nuestra sociedad, el descreimiento galopante, sino también las recetas pastorales que se vienen dando. En España la elección se ha vivido y se vive con ilusión y esperanza. Pero tal vez lo más importante es la conciencia de que acaba una etapa, con sus personajes: el escenario será distinto y muchos de sus protagonistas son ya parte de un pa-

sado que hay que agradecer, pero no sostener. En una plataforma digital muy apoyada por destacados obispos y cardenales, el día antes de la elección del papa Francisco, se le denostaba de forma furiosa y despiadada con acusaciones graves, como suele hacerse en ese portal con otros cardenales, obispos y nuncios. Al día siguiente, un *post* de obediencia apareció de forma silenciosa y sin comentarios. Es la punta de un iceberg que demuestra algo peligroso. Yo me he acordado en estos últimos días de la pésima estima que Pablo VI tenía en España, pero principalmente entre sus políticos. Ahora esos políticos ya no están y esperemos que la «muy católica España; más papista que el Papa» pueda escuchar sus palabras de ternura y misericordia, y deje de condenar. Mientras escribo esto acabo de escuchar sus palabras sobre la mujer adúltera: perdón y misericordia, nunca condena.

Tiempo habrá de revisar estas intuiciones. Vamos ahora a examinar el momento que atraviesa la Iglesia hoy. El papa Francisco es sucesor no solo de un Papa que se ha retirado y vive cerca de él, algo inédito e inaudito a lo que deberá acostumbrarse. Él es además sucesor de una situación que ha heredado. A ella dedicamos los capítulos que siguen. La figura de Bergoglio no se entendería sin el contexto geopolítico de una Iglesia que con Karol Wojtyła y Joseph Ratzinger marcaron una etapa. Se abre una nueva. La «viña devastada» tiene un nuevo pastor.

3

IL GRAN RIFIUTO

A Dante Alighieri nunca le agradó la renuncia que el papa Celestino V hizo al solio pontificio una mañana de febrero de 1294. El poeta florentino había puesto muchas esperanzas en Pietro Angeleri di Murrone, el eremita elegido sucesor número 192 de san Pedro, tras más de dos años de sede vacante, como hombre de consenso entre las dos facciones, la de los Colonna y la de los Orsini. Descontento con la decisión de abdicar adoptada por este pontífice, Dante lo mandó al Anteinfierno, en la *Divina Comedia* (canto III, terceto 20), ese lugar situado entre las puertas del Infierno y el río Aqueronte y reconocido como antesala o vestíbulo del Infierno. Esta primera parte del canto III fue redactada entre 1304 y 1307, cuando estaba aún abierta la polémica y la Iglesia era gobernada por Bonifacio VIII, un Papa, por cierto, a quien Dante también condenaría enviándole, a este sí, al Infierno, concretamente a la sala de los simoníacos. A Murrone lo situó en aquella antesala, donde Dante y su guía, el poeta Virgilio, encuentran a aquellos que nunca se comprometieron, las almas de quienes jamás hicieron nada bueno o malo: los *ignavi*, tibios o perezosos o no comprometidos. Refiriéndose en toscano a él como quien «fece per viltalde *il Gran Rifiuto*», («el que por cobardía hizo la Gran Renuncia»), es cierto que Dante nunca da explícitamente el nombre concreto de Celestino V, pero la interpretación del texto y del momento histórico indica que muy posiblemente se esté refiriendo a él. Celestino V había

sido llamado desde su eremitorio en las montañas de los
Abruzos, en la zona central de Italia, junto al Adriático, para
suceder a Nicolás IV durante un cónclave que duró tres meses. Luchas intestinas, una Iglesia entregada al poder político,
años oscuros que buscaban renovación interior.

Pese a mostrarse reacio, fue consagrado en la ciudad de
L'Aquila, capital de la región de los Abruzos, trasladando la
sede apostólica a Nápoles, sede del poder de uno de sus me-
jores aliados, evitando así Roma, un centro de intrigas en
aquel momento y símbolo de ambición y poder. Allí continuó
viviendo con el mismo estilo eremita con que había vivido
hasta entonces, entregó los bienes de muchas posesiones eclesiásticas a los monjes pobres, cambió el atavío pontificio por
el áspero sayal, rehuyó fiestas y banquetes, comía mendrugos
de pan y bebía solo agua, viajaba en un asno y rechazaba los
suntuosos carruajes. Alarmados, los cardenales propiciaron
su propia renuncia, mediante una campaña llena de episodios grotescos capitaneada por quien fue su sucesor. El 13 de
febrero de 1294 se retiró a su antiguo cenobio en las montañas, no sin antes ordenar que los cardenales mandaran a sus
concubinas a casa antes de que los cardenales convocaran un
nuevo cónclave. Benedicto Gaetani, que había provocado su
renuncia lo mismo que antes había tramado su elección para
ganar tiempo, fue elegido sucesor con el nombre de Bonifacio VIII en el mes de diciembre. Inmediatamente trasladó la
sede a Roma y obligó a su antecesor a vivir en la ciudad para
evitar que sus partidarios alumbraran un cisma. Murrone
huyó hacia Venecia, pero fue apresado y conducido al castillo
de Fumore, donde murió pocos meses después, desnutrido y
falto de cuidados. Fue enterrado en la misma iglesia donde
había sido consagrado, en la ciudad de L'Aquila. Más tarde,
Clemente V, en 1313, lo canonizó con el nombre de san Pedro Murrone, rehabilitando así su memoria. Después se per-
dió en el silencio de la historia.

EL TERREMOTO QUE ASOLÓ L'AQUILA EN 2009

Ocho siglos después, un terremoto trajo de nuevo a la actualidad al pontífice olvidado. Fue un fuerte temblor físico, pero también supondría un seísmo en la vida de la Iglesia, como se ha visto más tarde. El 6 de abril de 2009 un terremoto sacudía la zona de los Abruzos, dejando una estela de cerca de trescientos muertos, una ingente cantidad de heridos y varias ciudades devastadas. Su capital, L'Aquila, recibió un fuerte impacto. La cúpula de la basílica de Santa María de Collemaggio cayó sobre la urna donde se guardaban los restos de *Il Gran Rifiuto*. La cripta quedó a salvo de los escombros. A este lugar, a finales de agosto de cada año, acuden muchos creyentes para celebrar el Jubileo del Perdón, instituido por el pontífice dimisionario como si intuyera que, por los siglos de los siglos, muchos cristianos acudirían a pedirle perdón por el trato recibido. Pasados los primeros días del seísmo, que acaparó la atención mundial, el papa Benedicto XVI acudió a visitar la zona y a mostrar el consuelo a las familias y damnificados. Recorrió las áreas afectadas y se acercó a la basílica de L'Aquila, acompañado por el Cuerpo de Bomberos local y Protección Civil. Al llegar a la tumba de su antecesor se recogió en oración y depositó sobre la urna de cristal el palio pontificio y la estola, símbolos del ministerio que había recibido el día en que inició su pontificado, cuatro años antes. Un año más tarde, el 4 de julio de 2010, volvió a la zona, concretamente a Sulmona. Eran momentos delicados en la vida de la Iglesia, azotada por el huracán de la pederastia y otros asuntos de envergadura que atormentaban al Papa. Elogió entonces la figura de san Celestino, de quien dijo: «Permanece presente en la historia, en razón de los célebres acontecimientos de su época y de su pontificado, y sobre todo, de su santidad. En efecto, la santidad no pierde su fuerza de atracción, nunca cae en el olvido, no pasa nunca de

moda, al contrario, con el paso del tiempo resplandece con
una luminosidad cada vez mayor, expresando la tensión eterna del hombre hacia Dios». Efectivamente, hay cosas que
con el tiempo se ven con más claridad. Abundó en más detalles de su figura: su intensa búsqueda de Dios, el silencio
interior y exterior, su fecundidad pastoral desde la soledad
buscada y deseada. Y añadió: «Un pontificado breve y atormentado».

Ahora, estas palabras nos parecen premonitorias. Breve
—siete años y diez meses— y atormentado, abrumado por
diversos problemas y escándalos que han salido a la luz gracias a su apasionada labor para que la verdad resplandezca y
la Iglesia se renueve en su interior. Destaca en su antecesor el
deseo de búsqueda de Dios, un concepto muy propio de dos
de los santos a los que Benedicto XVI tiene particular devoción: san Agustín y san Buenaventura, dos apasionados buceadores de la Verdad, consagrados a la búsqueda de Dios.
En una situación histórica distinta, el papa Ratzinger que llegó al solio pontificio rodeado de polémica, se marcha con la
polémica pisándole los talones, aunque sí es cierto que ha pasado de ser considerado el *Panzer Kardinal* a ser un *Good
Boy*. Los últimos gestos dan fe de ello. La sencillez de su despedida en la tarde del pasado 28 de febrero, sus palabras claras y contundentes son una prueba de ello. No abandona. No
se baja de la cruz, se sitúa de otra forma al lado. No es verdad
que haya actuado por miedo. Claras, muy claras las palabras
de su despedida. Un helicóptero blanco lo alejaba de la curia.
Empezaba la sede vacante en el Vaticano. Se va, como Celestino V. Se marcha al silencio interior, a profundizar en esta
recta final de su vida, en la búsqueda de la Verdad completa.
Palabras de una belleza ejemplar: «Ahora soy solo un peregrino en la última etapa de su peregrinaje sobre esta tierra».
Junto con Celestino V, es el segundo pontífice que renuncia
voluntariamente en la historia. Otros, como Gregorio XII,

que renunció en 1415 para superar el Cisma de Occidente
que dividió a la Iglesia durante cuarenta años, lo hicieron por
presiones de los cardenales. De otros casos, como el de Benedicto IX —que fue Papa en tres periodos distintos— no se
puede llevar cómputo por ser situaciones bien distintas.

RENUNCIA EN FEBRERO DE 2013

Por eso, con tan escasos antecedentes, aquel gesto de Benedicto XVI en L'Aquila hacia Celestino V adquirió particular
significación la mañana del 11 de febrero de 2013, unos días
antes del inicio del tiempo de Cuaresma. Benedicto XVI hacía público su deseo de renunciar al pontificado, abriendo así
un novedoso modelo de elección de su sucesor. Los cardenales deben elegir a un nuevo Papa cuando el actual aún está
vivo. Su decisión la había tomado hacía un tiempo, pero pocos conocían su secreto que, al parecer, guardaba desde su
último viaje a México y Cuba en el mes de marzo de 2012.
Casi un año de reflexión ante Dios y su conciencia. Solo su
círculo más cercano sabía sus intenciones. Pensó renunciar
en septiembre, pero el escándalo del Vatileaks hizo que lo re-
trasara. Las retiradas hay que hacerlas en los momentos de
tranquilidad, no cuando hay problemas. «Se puede renunciar
en un momento sereno, o cuando ya no se puede más. Pero
no se debe huir en el peligro y decir: que lo haga otro», había
dicho a su biógrafo en el libro de entrevistas que realizó siendo ya Papa.

La tarde anterior a aquel 11 de febrero, se lo había comunicado al secretario de Estado, Tarcisio Bertone, y al decano
del Colegio Cardenalicio, Angelo Sodano, dos hombres en-
frentados en los últimos años por el manejo de las situaciones
escandalosas vividas en el interior de los muros de la Ciudad
Leonina. A la mañana siguiente la noticia corrió como la pól-

vora entre los oficiales de los Palacios Apostólicos a los que se les dijo que estuvieran más temprano de lo habitual en sus puestos de trabajo. El resto, la mayoría de los cardenales y obispos, sabrían de su decisión por la prensa. El momento elegido fue un consistorio habitual y ordinario, que tenía como objetivo aprobar tres canonizaciones de nuevos santos. Los consistorios son reuniones del Papa con los cardenales para abordar temas importantes, mostrando así la colegialidad de sus decisiones. Los hay ordinarios y extraordinarios. Este era un consistorio ordinario y no era obligatorio para todos. Suelen asistir quienes esos días están en Roma. También el papa Juan XXIII anunció una decisión importante como la convocatoria del Concilio Vaticano II, en un pequeño discurso en una sala anexa de la basílica de San Pablo Extramuros, el 25 de enero de 1959. El papa Roncalli, en un breve *discorsetto*, convocó el acontecimiento más importante de la Iglesia en los últimos cinco siglos. Este otro anuncio, también durante un breve *discorsetto*, emuló aquel otro, como si quisiera con ello abrir una nueva época para la institución. Decisión importante, sin duda.

Benedicto XVI hizo su anuncio en latín, escrito de su puño y letra: «Queridísimos hermanos, os he convocado a este consistorio, no solo para las tres causas de canonización, sino también para comunicaros una decisión de gran importancia para la vida de la Iglesia. Después de haber examinado ante Dios reiteradamente mi conciencia, he llegado a la certeza de que, por mi edad avanzada, ya no tengo fuerzas para ejercer adecuadamente el ministerio petrino. Soy muy consciente de que este ministerio, por su naturaleza espiritual, debe ser llevado a cabo no únicamente con obras y palabras, sino también, y en no menor grado, sufriendo y rezando. Sin embargo, en el mundo de hoy, sujeto a rápidas transformaciones y sacudido por cuestiones de gran relevancia para la vida de la fe, para gobernar la barca de san Pedro y anunciar el Evangelio, es necesario también el vigor tanto del cuerpo como del espíritu, vigor que, en los últimos meses, ha disminuido en mí de tal forma que he de reconocer mi incapacidad para ejercer bien el ministerio que me fue encomendado. Por esto, siendo muy consciente de la seriedad de este acto, con plena libertad, declaro que renuncio al ministerio de obispo de Roma, sucesor de San Pedro, que me fue confiado por medio de los cardenales el 19 de abril de 2005, de forma que, desde el 28 de febrero de 2013, a las 20.00 horas, la sede de Roma, la sede de san Pedro, quedará vacante y deberá ser convocado, por medio de quien tiene competencias, el cónclave para la elección del nuevo Sumo Pontífice. Queridísimos hermanos, os doy las gracias de corazón por todo el amor y el trabajo con que habéis llevado junto a mí el peso de mi ministerio, y pido perdón por todos mis defectos. Ahora, confiamos la Iglesia al cuidado de su Sumo Pastor, Nuestro Señor Jesucristo, y suplicamos a María, su Santa Madre, que asista con su materna bondad a los padres cardenales al elegir el nuevo Sumo Pontífice. Por lo que a mí respecta, también en el futuro, quisiera servir de todo corazón a la Santa Iglesia de Dios con una vida dedicada a la plegaria. Vaticano, 10 de febrero de 2013».

Los cardenales asistentes no parecieron haberse enterado bien de las palabras de renuncia, leídas en latín. Siempre se lamentó Ratzinger de la pérdida de significación en la Iglesia de la lengua de Virgilio y por ello, el pasado 12 de noviembre, creó a través de la carta apostólica *Latina Lingua* una academia para cuidar estos estudios clásicos: la Pontificia Academia de Latinidad. Solo unos pocos, conocedores de la noticia, recorrían con la mirada a sus compañeros para observar sus reacciones, pero sea por no estar suficientemente atentos, o por no oír, dado el duro oído de algunos de ellos, no se percataron. «Cognitionem certam perveni vires meas ingravescente aetate no iam aptas esse ad munus petrinum dunque administrandum». Sin fuerzas para afrontar estos tiempos duros, sin fuerzas para cumplir con la misión. Confesión inaudita de no sentirse con el vigor físico y espiritual necesarios. En la sala había alguien que en ese momento dio un salto. Giovanna Chirri, de cincuenta y cuatro años, experta en información vaticana de la agencia italiana ANSA desde 1994. Perfecta conocedora del latín, pues había realizado estudios de lenguas clásicas, entendió perfectamente el mensaje. Corrió a confirmar la noticia, pero el teléfono del jefe de la Sala de Prensa del Vaticano estaba apagado. El padre Lombardi, a los pocos minutos le confirmó el dato. Mientras tanto, el cardenal decano, Angelo Sodano, respondía al Papa mostrándose apenado por esta «noticia que como un rayo ha caído de un cielo abierto». Es significativo el abrazo posterior entre quienes fueron las manos derecha e izquierda, enfrentadas, de Juan Pablo II. No hay más que verlo. Sodano había vencido. Ratzinger se retiraba. Juntos, pero con visiones distintas, los dos personajes se estaban hablando con un abrazo frío. Una foto estremecedora. Mientras tanto, Giovanna, temblando y con lágrimas de emoción en los ojos puso este teletipo: «B16 ha dimitido. El 28 deja el pontificado». Así de escueto salió de la agencia y, al instante, a las 11.46 horas, la noticia era conocida en todo el mundo y confirmada un poco más tarde por la Sala de Prensa de la Santa Sede, justo en el momento en el que el Papa abandonaba la sala y los cardenales conocían más detalles en pequeños corros que, asombrados, no daban crédito a la noticia. Comenzaron las reacciones, interpretaciones y una larga serie de declaraciones, aunque el denominador común fue de la aquiescencia. Se veía como algo normal. Y comenzó el rastreo del pasado, buscando gestos, palabras y declaraciones que mostraran que aquella renuncia era algo ya tímidamente insinuado y anunciado.

LAS RAZONES DE LA RENUNCIA

En este momento no hay crisis que resolver, como sucedió en 1294 o en 1415, pese a las muchas controversias con las que este pontificado «breve y convulso» de casi ocho años, ha estado jalonado y se ha visto rodeado. Se trata de falta de vigor, de pérdida de fuerzas de un anciano que en abril cumplirá ochenta y seis años. Ya una vez, su hermano Georg había dicho en declaraciones a la prensa, que los médicos habían desaconsejado al pontífice viajes transoceánicos. Ratzinger vivía con un marcapasos desde antes del inicio de su pontificado, que recientemente había sido reemplazado durante una revisión médica rutinaria, en la que, por cierto, participaron equipos españoles. Howard Chua-Eoan, en la prestigiosa revista *Time* (25 de febrero de 2013) decía: «Aunque esta renuncia la ha hecho como un ejercicio de humildad cristiana —la confesión de la fragilidad humana por parte del hombre con mayor poder espiritual del planeta— el acto en sí es una gran oportunidad política que puede reformar el modo en el que la Iglesia es gobernada, aunque se mantenga la agenda conservadora del pontífice. En este sentido Benedicto XVI puede ser el último modelo de un modo familiar de permanecer en el poder hasta la muerte, y el primero en mostrar cómo debe gobernarse de forma distinta un imperio espiritual de más de un millón de almas». Un gesto revolucionario y profético de un Papa considerado conservador y de una Iglesia inmersa en graves problemas en un mundo que cambia de forma veloz y que muestra rechazo al Evangelio. La renuncia ha sorprendido al mundo católico y a los que no son creyentes. El Papa de las «grandes palabras» pasará a la historia como el del «gran gesto».

Las interpretaciones del gesto han sido variadas y pensadas a la luz de los muchos problemas existentes, algunos de ellos escandalosos, otros mal gestionados en la comunicación *ad intra* y *ad extra*. Todos ellos quedan en la agenda del nuevo Papa y los abordaremos en este libro, pues forman parte de la nueva geografía de la Iglesia de cara al futuro. Hay sin embargo una razón de sentido común que a los pocos días me comentaba un vaticanista español tomando una *birra* en el Gianicolo romano: «Al Papa, lo que le ha pasado es que se le ha acelerado la vejez, como suele suceder a estas edades. No sé por qué buscar tres pies al gato. El Papa ya ni dormía, ni se despertaba. A esto hay que añadirle sus ochenta y seis años, sus dos marcapasos. El dolor fuerte de cadera, la pérdida de visión de un ojo, la hipertensión, los numerosos microinfartos cerebrales, el envejecimiento en general. No da para más. Está agotado; lo ha dado todo. Tiene un agotamiento físico y psíquico de órdago, acelerado por los continuos escándalos que se vienen conociendo y que él mismo ha querido mirar de frente». Es la voz del sentido común.

Sin embargo hay quien considera que esta renuncia ya estaba anunciada de forma tímida e incluso se atisbaba en la agenda del pontífice en los últimos años. Era como la crónica de una retirada anunciada. Un exalumno de Ratzinger y sucesor suyo en la cátedra de Dogmática en Regensburg, Wolfgang Beinert, dijo al periódico alemán *Der Spiegel* en abril de 2010: «Una mente brillante puede incluso cambiar su pensamiento de forma brillante, aunque no esté obligado a hacerlo». Riguroso en el análisis, intransigente en la defensa de la doctrina, apasionado en la predicación, Ratzinger se ha mostrado un hombre de carácter frágil, no en el arte del gobierno sino en la forma de afrontar los problemas internos de la Iglesia. Un hombre más sensible a la teología que a la geopolítica. Por eso, la decisión tiene más calado doctrinal que político. No es una decisión precipitada. «Ratzinger piensa mucho las cosas y les da vueltas, aunque en el fondo tenga un pensamiento conservador y sea extremadamente prudente en el proceder», comenta un cardenal que lo conoce bien. De ahí

que la renuncia adquiera un hondo significado en el ámbito
de la eclesiología sobre el que los teólogos tendrán que trabajar en el futuro. Nunca se descartó la posibilidad de dimitir.
Aspectos relacionados con el primado de Pedro y otros de índole ecuménica pueden cambiar positivamente. Uno de los
primeros gestos de su papado, en su personal *munus petrinum*, fue renunciar al título de Patriarca de Occidente, alentando así a un diálogo más efectivo con las Iglesias ortodoxas
de Oriente. La pasión ecuménica del Papa que se marcha queda como estela para su sucesor. Para la eclesiología, esta renuncia al pontificado ayudará a entender muchas cosas. Ha
sido un auténtico varapalo para especímenes ultracatólicos
que no tienen claro que el Papa es el sucesor de Pedro y no de
Cristo y que la Iglesia continúa. El Papa que se ha hecho famoso por su cruzada contra el relativismo, ha hecho del cargo
vitalicio del obispo de Roma un cargo más relativo, abriendo
camino a la colegialidad con los obispos de todo el mundo.
Pero eso es un trabajo que ahora han de abordar los teólogos.

Con el argumento de la posible retirada del Papa acaba su
libro *Joseph Ratzinger, crisi di un Papato* (Laterza, 2011) el
vaticanista Marco Politi. En el caso de Pío XII, ante la posibilidad de una intervención de los nazis en Roma, y de Pablo VI
y Juan Pablo II por salud, había sido una posibilidad jurídica,
mientras que en el de Benedicto XVI se convierte en una posibilidad real. Se viene diciendo que el Papa de los gestos fue
Juan Pablo II y el de las palabras Benedicto XVI. Al final ha
sido al revés. El «gran gesto» de Ratzinger lo hace entrar en la
Historia de forma contundente. La renuncia estaba en su horizonte. En el libro *Luz del mundo*, en conversación con Peter
Seewald —con quien ya había publicado otra entrega anterior
con el título *La sal de la tierra. Quién es y cómo piensa Benedicto XVI* (Libros Palabra, 1997)— se dice: «Si el peligro es
grande no se debe huir de él. Por eso, ciertamente no es el momento de renunciar. Justamente en un momento como este hay

que permanecer firme y asumir la situación difícil. Esa es mi concepción. Se puede renunciar en un momento sereno, o cuando ya no se puede más». El padre Lombardi, portavoz de la Sala de Prensa vaticana subrayó tras la renuncia del Papa, que si bien el momento del anuncio ha sido una sorpresa, «no en cambio la intención de llegar a ella, pues Benedicto XVI la adelantó claramente en el libro *Luz del mundo*», en la larga entrevista con Peter Seewald realizada en Castel Gandolfo en el verano de 2010. El Santo Padre dijo que un Papa no debe dimitir en tiempos de dificultad, como eran aquellos debido al problema de los abusos sexuales. Pero, en cambio, «se puede renunciar en un momento sereno, o cuando ya no se puede más». No solamente eso, según Benedicto XVI, si el Papa constata que no puede cumplir con todas sus obligaciones, «tiene el derecho y, en ciertas circunstancias, también el deber de renunciar». Se abría una posibilidad que ahora se ha hecho realidad. De forma tímida y elegante, Politi hablaba de una dimisión interna «proseguirà il cammino e farà le sue scelte in questa dimensione intima». Y la agenda del último año del pontificado viene a avalar esta teoría.

Han sido muchas las opiniones y versiones que se han escrito sobre la renuncia. Llega el momento de dejar que sea el propio Ratzinger quien se explique. Lo hacía en el último ángelus desde la ventana de los Palacios Pontificios ante una gran multitud de personas que habían asistido a despedirlo. Comentaba el pasaje de la Transfiguración del II Domingo de Cuaresma el pasado 24 de febrero y ofrecía sus palabras ante tantas especulaciones. El profesor tan preciso en la palabra, decía: «Queridos hermanos y hermanas, esta Palabra de Dios la siento de modo particular dirigida a mí, en este momento de mi vida. El Señor me llama a "subir al monte", a dedicarme aún más a la oración y a la meditación. Pero esto no significa abandonar la Iglesia, es más, si Dios me pide esto es precisamente para que yo pueda seguir sirviéndola con la misma entrega y el mismo amor con que lo he hecho hasta ahora, pero de modo más apto a mi edad y a mis fuerzas. Invoquemos la intercesión de la Virgen María, que ella nos ayude a todos a seguir siempre al Señor Jesús, en la oración y en la caridad activa».

Tiene el derecho a hacerlo. Y con estas palabras responde incluso a quienes lo han acusado de «bajarse de la cruz», como hizo de forma demasiado precipitada el cardenal de Cracovia y antiguo secretario personal de Juan Pablo II, Stanisław Dziwisz, en unas declaraciones al día siguiente de la renuncia. Esto no significa abandonar la Iglesia. La comunicación se ha saturado de razones. Y él está en su derecho de contar las propias. Unos hablan de cansancio tras los escándalos, principalmente los relacionados con los casos de abusos a menores y los temas económicos. Una especie de sentimiento de fracaso. Otros, los más, apuntan al debilitamiento físico. Para otros, ha sido el golpe sobre la mesa ante una curia adversa que se negaba a los cambios. Empezando él, abre el camino a que otros continúen. Hay quienes ven al profesor abriendo caminos de futuro. Otras versiones apuntan a alguna enfermedad desconocida y al sentimiento de soledad por la crítica externa y el debilitamiento interno. La película *Habemus Papam* de Nanni Moretti protagonizada por Michel Piccoli, resulta ahora más curiosa. Hay incluso quienes se han atrevido a hablar de cansancio del alma, de depresión espiritual. Tal ha sido el caso del prestigioso miembro del Opus Dei y coordinador de la Jornada Mundial de la Juventud en Madrid, profesor de la romana Universidad Pontificia de la Santa Croce, Yago de la Cierva, sobrino del historiador y exministro, quien en un artículo publicado en el rotativo madrileño *El Mundo*, el día 12 de febrero, hablaba de «una traición a la tradición» aludiendo a una «crisis espiritual». Decía: «Para algunos, ha tenido el coraje de romper con los precedentes: un tradicionalista contra la tradición. Para otros le ha faltado la coherencia hasta el final, y deja la tristeza que se aprecia cuando se escucha la noticia de un hombre de ochenta y cinco años que se divorcia, porque ya no puede aportar nada a su matrimonio. Pero en cualquier caso, deja una Iglesia sorprendida, entristecida y dolorosa por la punzante noticia, que no se atreve siquiera a pensar si el Papa ha hecho bien o ha hecho mal, sino que confía en que el Espíritu Santo sepa guiar a la Iglesia para escribir una página completamente nueva de su bimilenaria historia». Contestado por algunos periodistas ultraconservadores, admitió no haber estado fino y pidió disculpas, no sin antes criticar a quienes habían redactado el titular de su artículo. Pero dicho queda, *verba volant, scripta manent* y la sombra de una crisis espiritual, propia por otra parte de esa edad y del perfil intelectual del Papa, persiste y no es contestada. Es extraño que un experto en comunicación institucional, bien situado en las altas esferas del Opus Dei, pueda cometer este tipo de errores. Pocos se lo creen.

Lo que sí está claro es que la reacción a la renuncia papal fue unánime en dos direcciones. Por un lado, de lamento por parte de quienes, dentro de la Iglesia, se identifican más con los postulados del pontífice. El cardenal Rouco, arzobispo de Madrid y presidente de la Conferencia Episcopal Española, hablaba de sentimiento de «orfandad» y el secretario general de la misma institución, Juan Antonio Martínez Camino, en una larga entrevista en 13 TV, se mostró triste y pesaroso: manifestó su respeto por la decisión pero no su apoyo. Por otro lado, se vivió una euforia en los grupos más progresistas e incluso hostiles a la Iglesia. Queda, no obstante, un respeto a la libertad de la persona de Ratzinger y, como me decía un miembro de la curia romana, poco satisfecho con el paso dado por Ratzinger, «me da pena que quienes tanto han alabado al Papa, ahora se congratulen de esta forma tan eufórica por su renuncia. Parece que se han alegrado de que se vaya».

Y es que en la historia de Ratzinger ha habido continuas negativas a aceptar promociones y prebendas, y siempre ha

estado presente su deseo de seguir su camino, el del estudio y
la oración. Ya en 1980 se negó a que Juan Pablo II lo nom-
brara prefecto de la Congregación para la Doctrina de la Fe.
Más tarde, aceptó ser responsable de dicha congregación,
tras el atentado de Wojtyła en la plaza de San Pedro en mayo
de 1981. En varias ocasiones había querido marcharse a su
tierra, pero Juan Pablo II, viajero infatigable por el mundo,
no lo dejó. Sería perder un gran apoyo, como veremos. Su re-
nuencia a aceptar el cargo en el cónclave que lo eligió ha sido
destacada por muchos cardenales asistentes que, sin embargo, pensaban que no podía ser sino él el sucesor de Wojtyla.
No debe extrañar esta decisión. Quizás, como indica Yago de
la Cierva en el citado artículo «debiéramos haber prestado
más atención a los sucesos». Ha sido como el cuento de Pedro y el lobo. Cuando llegó, nadie lo creía.

EL OSO DE SAN CORBINIANO

Pero hay algo que se debe conocer para entender aún más
este gesto. Y es su escudo papal, que guarda algunos símbolos de su época de arzobispo. El «oso de san Corbiniano»
está presente en su escudo. Tiene este animal para Ratzinger
un significado especial: el peso del cargo y la necesidad de
cumplir la voluntad de Dios por encima de las preferencias
personales. San Corbiniano predicó el Evangelio en la antigua Baviera y es considerado el padre espiritual de la archidiócesis de Múnich-Freising. Según la leyenda, un oso mató
al caballo de san Corbiniano cuando este se dirigía a Roma.
El santo regañó severamente al oso y, como castigo, le cargó
con el fardo que hasta entonces había llevado sobre sus lo-
mos. Así, el oso tuvo que arrastrar el fardo hasta Roma, y solo
allí, el monje lo dejó en libertad.
    La leyenda fascinó desde pequeño a Joseph Ratzinger y

marcó sus decisiones importantes. Cuando en 1977 se plan-
teó aceptar o rechazar el nombramiento como arzobispo de
Múnich-Freising, que le apartaría de su adorada actividad
como profesor universitario, pensó de nuevo en la historia
del oso de san Corbiniano. Y la relacionó con la interpretación que san Agustín había hecho de los versículos 22 y 23
del salmo 73 (72), ante una decisión muy parecida a la suya,
en el contexto de su ordenación presbiteral y episcopal. En el
saludo que él mismo, siendo ya Papa, dirigió ante la Mariensäule, el 9 de septiembre de 2006, el propio Benedicto XVI lo
recuerda así: «En ese salmo, el salmista se pregunta por qué
a los impíos de este mundo les van las cosas bien y en cambio,
les va tan mal a muchas personas buenas. Entonces, el salmista dice: era un tonto cuando pensaba así; estaba ante ti
como un asno, pero después entré en el santuario y compren-
dí que precisamente en mis dificultades estaba muy cerca de
ti y que tú estabas siempre conmigo».

Y, volviendo a la figura del padre africano, recuerda Benedicto XVI de qué modo san Agustín se identificaba con la
expresión «estaba ante ti como un asno»: «San Agustín, con
amor, retomó con frecuencia este salmo y, viendo en la expresión "estaba ante ti como un asno" (*iumentum*, en latín) una
referencia al animal de tiro que entonces se utilizaba en el
norte de África para arar la tierra, se reconoció a sí mismo en
este *iumentum*, como animal de tiro de Dios, se vio como alguien que está bajo el peso de su cargo, la *sarcina episcopa-
lis*». Había escogido la vida del hombre dedicado al estudio
y, como dice después, Dios lo había llamado a ser un «animal
de tiro», un buen buey que tira del arado en el campo de
Dios, que realiza el trabajo duro que se le encomienda. Pero
luego reconoce: «del mismo modo que el animal de tiro está
muy cerca del campesino, al trabajar bajo su guía, así también yo estoy muy cerca de Dios, pues de este modo le sirvo
directamente para la edificación de su reino, para la cons-

trucción de la Iglesia». Tras aquella reflexión, Ratzinger aceptó la carga y asumió el episcopado, abandonando su actividad universitaria.

Muchos años después, en 2005, cuando soñaba con regresar a su Baviera natal para dedicarse tranquilamente —no en el anonimato, pero si en medio de una discreta jubilación— a la oración y al estudio, recibió una carga insospechada por parte de aquellos que habían descubierto, muy a su pesar, la luz de su lámpara: las Llaves de Pedro. Cuando un año después, ya convertido en Benedicto XVI, volvió por última vez a su adorada Baviera —a recorrer los lugares de su infancia, despedirse de sus amigos y orar en silencio ante la tumba de sus padres y su hermana— recordaba de nuevo, ante la Mariensäule, aquella leyenda: «Con el telón de fondo de este pensamiento del obispo de Hipona, el oso de san Corbiniano me sigue estimulando siempre a realizar mi servicio con alegría y confianza —hace treinta años [cuando aceptó el episcopado] y también ahora en mi nuevo encargo [el pontificado]—, pronunciando día tras día mi "sí" a Dios: me he convertido para ti como en un animal de tiro, pero así "yo estoy siempre contigo" (Sal. 73, 23)». Pero añadió: «El oso de san Corbiniano, en Roma, quedó en libertad. En mi caso, el "Amo" ha dispuesto de otro modo». Y así es. Él se retira para el mundo, pero seguirá en Roma por motivos de seguridad, en un pequeño convento dentro de los muros vaticanos orando y estudiando, con un grupo reducido de personas y contemplando «como se pasa la vida, como se viene la muerte tan callando» que dijera Manrique sin dejar de rezar cada noche el cántico de Simeón: «Ahora, Señor, según tu promesa puedes dejar a tu siervo irse en paz». El «humilde trabajador de la viña del Señor» ha cumplido su misión, aunque la viña estuviera llena de jabalíes que la intentaban destrozar.

4

NO PODÍA SER OTRO EL PAPA

Roma. 19 de abril de 2005. Una marea humana corría presta a la plaza de San Pedro. Los asistentes, muchos de ellos periodistas, no querían perderse el momento en el que se anunciara, como se venía haciendo desde 1605, el nombre del sucesor de Wojtyła. El pontífice que había llegado de «un país lejano» había marcado una nueva época en la manera de concebir la sede de Pedro. Su largo pontificado de más de veintisiete años había dejado una impronta nueva en la manera de concebir el papado. Ahora, en la era de los *mass media*, aliados en su trayectoria, el momento se hacía más universal. Desde el 16 de octubre de 1978 no se había celebrado esta ceremonia en la balconada de la basílica romana, corazón espiritual de los católicos. De la chimenea de la Capilla Sixtina salía humo. Unos creyeron ver que era blanco y otros negro, sin embargo era gris. Un error en la quema de las papeletas del cónclave en el que 115 cardenales estaban reunidos desde la mañana del día anterior, bajo los frescos pintados por Miguel Ángel, para elegir al sucesor de Juan Pablo II. La fumata era blanca y al poco tiempo, las puertas de la balconada se abrían y confirmaban que la Iglesia tenía un nuevo sucesor de Pedro. El cardenal protodiácono, Jorge Medina Estévez, exobispo de Valparaíso, en Chile, y bien conocido por su apoyo a la dictadura del general Pinochet, anunciaba el nombre del nuevo Papa. Tras el almuerzo y en una cuarta votación, con rapidez pero con una estrategia bien medida, los cardenales que habían actuado como «grandes electores», lograban el objetivo propuesto un año antes. En la Iglesia, pese a las apariencias, no se dejan las cosas a la improvisación. Con voz nítida y parsimonia escénica, el cardenal chileno renovaba la tradición de comunicar el nombre del nuevo Papa: «Annuntio vobis gaudium magnum: Habemus Papam! Eminentissimum ac Reverendissimum Dominum, Dominum Iosephum Sanctæ Romanæ Ecclesiæ Cardinalem Ratzinger qui sibi nomen imposuit Benedicti XVI». Extrañeza de muchos y sonrisas en los semblantes de otros. Todo estaba atado y bien atado. No podía ser otro. El nombre del cardenal Ratzinger había corrido de boca en boca entre los cardenales, especialmente por parte de un grupo destacado de habla hispana, los «grandes electores», los cardenales Julián Herranz, Alfonso López Trujillo y Darío Castrillón, muñidores de la candidatura de Ratzinger que desde mediados de la década de 1990 se habían erigido en núcleo fuerte de la curia vaticana junto al cardenal Sodano. Sin embargo, no las tenían todas consigo. Había que romper ciertas barreras en el perfil del cardenal prefecto de la Congregación para la Doctrina de la Fe.

«ENTRE TODOS, ES EL MEJOR»

Había sido un sentimiento unánime, aunque había que ayudar al elegido, limar su perfil ante la opinión pública que había lanzado nombres por doquier en una especie de plebiscito que se había realizado en los medios de comunicación. El sucesor de Wojtyła debía ser mediático y Ratzinger no lo era. La comunicación no era su fuerte, aunque todos destacaban la calidad de su trato en las distancias cortas. Debía tener una salud robusta para seguir con la frenética agenda del pontífice polaco. Y Ratzinger había tenido episodios de salud que lo

NO PODÍA SER OTRO EL PAPA

había debilitado, además de la edad, setenta y ocho años. Eran bien conocidos sus intentos de marcharse a Baviera a descansar, ya jubilado. Debía ser italiano. Y Ratzinger era alemán. Después de un Papa del Este, había que volver a mirar a Italia. Era como si ese largo pontificado reclamara ahora volver a la costumbre de elegir a un italiano. Ratzinger, no obstante ya estaba familiarizado con Roma, ciudad en la que vivía desde 1982. También debía de ser pastor con experiencia suficiente. Juan Pablo II se había convertido en el párroco del mundo. Y Ratzinger no había salido de las aulas ni los despachos oficiales, dedicado al estudio y a la elaboración de importantes documentos. No era curial, pues pese a pertenecer a la curia siempre se había mantenido discretamente alejado. Era un auténtico *Herr Professor*. No obstante, pocos como él conocían las realidades de las iglesias repartidas por el planeta. Se había encontrado en los últimos veinte años con todos los obispos del mundo durante sus viajes a Roma con motivo de las llamadas *Visita Ad Limina*. Todos coincidían en destacar su trato afable y la comprensión de los problemas que traían en sus carteras.

Imagen, salud, edad, experiencia. Ratzinger no tenía nada de lo que los perfiles mediáticos apuntaban. Sin embargo en el interior de la Capilla Sixtina, y más concretamente en la Casa de Santa Marta, donde se celebran estas ocasiones, los llamados «Príncipes de la Iglesia» pensaban otra cosa. No era fácil. Se nadaba a contracorriente, sabiendo incluso que el elegido tendría que atravesar unos primeros días de soledad, con ataques por parte de la opinión pública mundial. El día anterior, lunes 18, habían comenzado las votaciones con los nombres que encabezaban las *cordadas*, algunas de las cuales habían ido tomando fuerza en las congregaciones generales previas. Los cardenales llevaban en Roma más de quince días. Les había dado tiempo a conocerse, dialogar, mantener reuniones formales y cambiar impresiones. Frenética actividad de algunos de ellos. La presión mediática se notaba. Era la primera vez que el efecto mediático iba a desempeñar un papel importante. No podía darse la imagen de duda o de improvisación. Una institución milenaria no se podía permitir dar una imagen de debilidad. Y eso lo sabían los muñidores. El portavoz del Vaticano, el español Joaquín Navarro-Valls, miembro destacado del Opus Dei, tiene mucho que decir sobre aquellos días frenéticos. Se dice que fue el único seglar que ha estado en un cónclave sin entrar siquiera en él. Había prisa, pero también temor a tener que aplicar el artículo 75 de la Constitución Apostólica *Universi Domini Gregis*, aprobada por Juan Pablo II en 1996 y que abría la posibilidad, si se alargaban los escrutinios, de invocar la mayoría absoluta. Sería un problema para los cardenales. Un cónclave no se puede saldar de esta forma. Supondría reconocer una profunda división en la Iglesia. La comunión es una perla que hay que cuidar. Es mejor buscar un candidato de consenso. Ya pasó con Juan Pablo II, cuando hubo que buscar una tercera vía entre los cardenales Siri y Benelli, casi igualados en votos. Fue el cardenal de Viena, König, quien señaló al entonces cardenal arzobispo de Cracovia. Estaba salvada la comunión en la oración, el diálogo y el consenso. Quien entraba Papa al cónclave, salía cardenal. Y eso lo sabían los muñidores que se cuidaron de no quemar a Ratzinger. Algunos de ellos, en los días anteriores habían llegado a insinuar su nombre a los periodistas, pero con cierto escepticismo, hasta el punto de que un destacado vaticanista, bien informado, puso al cardenal alemán en el número catorce de las preferencias.

Con esta prisa y con este temor comenzaron las votaciones. El nombre de Ratzinger emergió en la tercera, con 65 votos, Bergoglio con 35, Sodano con 4 y Tettamanzi con 2. Ratzinger necesitaba 77. Dos tercios. Tras el almuerzo, y después de una intervención crucial del cardenal Martini, arzobispo de Milán, y del cardenal Bergoglio, de Buenos Aires, la comunión se cuidaría como un tesoro. El sector más progresista, si es que este adjetivo pudiera aplicarse, iría cediendo lentamente, «por el bien de la Iglesia», expresión socorrida y de viejo cuño. Con 84 votos, a la cuarta votación, ya por la tarde, el cardenal Sodano, decano del cuerpo cardenalicio, pedía a su rival en las tareas curiales, el cardenal bávaro, la conformidad para ser nombrado sucesor de quien había sido su amigo, confidente, colaborador de primera mano y hombre de confianza. Y aceptó, sorprendiendo, ya desde el inicio, con el nombre que eligió, Benedicto. Parecía como si fuera una ofensa a su predecesor. Lo normal es que se llamara Juan Pablo III. Prefirió el nombre de su antecesor Benedicto XV, el Papa que tanto trabajó por la paz europea en los años de la Gran Guerra. También era el nombre del santo de Nursia, san Benito, de quien era un profundo admirador por su labor evangelizadora en Europa. «Después del gran papa Juan Pablo II, los señores cardenales me han elegido, humilde y simple colaborador en la viña del Señor». Fueron sus primeras palabras en la logia de la basílica, hablando a la gente congregada. Que era un hombre del Papa anterior lo dejó claro en la misa tras elección, en el mismo recinto de la Capilla Sixtina: «Siento su mano fuerte cogiendo la mía, veo sus ojos sonrientes y escucho sus palabras que en este momento, dirigiéndose a mí me dicen: *No tengas miedo*». Sintonía total.

EL HOMBRE ADECUADO PARA EL MOMENTO

Pese a que Ratzinger no cumplía con los requisitos de la opinión pública y publicada, los cardenales habían confiado en él. Y en el Espíritu Santo, por supuesto. Un vaticanista me comentaba recientemente haciendo alusión al cónclave que siguió a Pablo VI: «Esto suele suceder en estos momentos. Los cónclaves los hacen en una gran parte los hombres con su visión muy humana; otra pequeña parte la hace el diablo que suele colarse y siempre el Espíritu Santo que se posa sobre el elegido y lo mejora». Eso se esperaba del recién elegido. No era mediático pero confiaban en que su palabra calaría en la gente. No era joven, pero podía ayudar a un periodo de transición, cerrando muchos de los temas pendientes de su antecesor y amigo. No era curial, pero conocía como pocos la curia y sus devaneos, y había mostrado en varias ocasiones su deseo de reformarla. No podía ser otro. Además, por si fuera poco, era el que mejor conocía y padecía algunas de las heridas que en ese momento hacían sufrir más a la Iglesia, los casos de abusos a menores por parte de algunos clérigos unos años antes en Estados Unidos. La tormenta de la pederastia estaba en su cénit y quien mejor la conocía y la sufría era él, que había dictado normas específicas para combatirla desde que los casos pasaron a sus manos. Al elegirlo, los cardenales le estaban pidiendo que actuara, que no le temblara el pulso. Un informe que sobre estos delitos y pecados había corrido por los corros de cardenales fue decisivo, según algunos. La situación auguraba ser delicada. No podía ser otro quien acometiera esta importante actuación. Tenía que ser él. No tenía dotes de gobierno, ni había conocido el mundo de la diplomacia y las cancillerías, pero se rodearía de un equipo que le ayudaría, o al menos eso se pensó al comienzo. Lo que en ese momento interesaba a los cardenales era buscar un hombre que ayudara a reformar la Iglesia, que no estuviera inmerso en luchas curiales y que supiera estar a la altura de un mundo cada vez más secularizado, con cargas de relativismo preocupante y con fuertes contestaciones internas, procedentes de los años del posconcilio, tanto en el terreno doctrinal como disciplinar. No podía ser otro.

Nada más conocerse su nombre, saltaron los teletipos con titulares previsibles. Quien durante largos años había sido el encargado de bregar en las tareas de limpieza y control de la doctrina, y que había ocupado un dicasterio tradicionalmente conocido como Santo Oficio, no las tenía todas consigo. El calificativo de Gran Inquisidor afloró inmediatamente en los labios de muchos comentaristas. La opinión pública mundial no parecía contenta. «Wir sind Papst!», decía el rotativo alemán *Bild*. Los periódicos europeos destacaban que se trataba de un Papa alemán y conservador. Con más o menos elegancia empezaron a repetirse titulares llamándole «Panzer Kardinal» o «God's Rottweiler». Subrayaban en sus biografías su pasado en las Juventudes Hitlerianas, como si toda su vida se resumiera en ese episodio de la infancia. «En el nombre del Padre, del Hijo y del Tercer Reich», decían unos, «Adolf II» otros. Se desató la tormenta mediática. Sin embargo la cordura se fue imponiendo lentamente. En el interior de la Iglesia se respiraba de otra forma. Los obispos norteamericanos, sudamericanos, africanos y asiáticos destacaban que se trataba de un hombre de gran cultura, experiencia y rigor intelectual. Los europeos, mayoritariamente reformistas en ese momento, tenían sus reservas. En algunos lugares de América Latina quedaron sorprendidos por tener ahora de Papa al «guardián del dogma». No obstante, algunas voces llamaron a la calma. El cardenal Martini, su rival en la elección pedía un tiempo para juzgar. En este mismo sentido se expresaba su amigo y compañero, ahora teólogo disidente, Hans Küng, quien dijo que cabía esperar de él «grandes sorpresas», y lo conocía bien. Por parte del mundo judío no hubo reacciones adversas, como se hubiera podido esperar. El rabino David Rosen dijo: «Su elección es una buena noticia para los judíos». Apreciaba su labor en contra del antisemitismo, como aliado de Juan Pablo II. Las sorpresas no eran razonables. Aunque mostraría costumbres y estilo distinto, sin embargo,

se trataba de continuar la obra de su antecesor. Y de mejorar-
la, ampliando horizontes y abrochando flecos que habían
quedado sueltos. Pero conocía bien la tarea. Había trabajado
codo con codo con su predecesor desde su llegada a Roma
años antes.

EL MEJOR DE LOS COLABORADORES, AMIGO PERSONAL

Con la llegada de Juan Pablo II a la sede de Pedro. Se había
abierto una nueva etapa, se miraba a otro lado. El mapa europeo era muy distinto. Los conservadores que lo habían elegido, veían en él a alguien que ayudaría en la lucha contra el
bloque soviético y era el símbolo de la Iglesia del silencio. Los
más progresistas contemplaban a un pastor alejado de los
círculos curiales. No se equivocaron. Juan Pablo II diseñó su
pontificado en esta tensión que va desde un fuerte componente de involución, preocupado por la pureza de la fe, y otro
más abiertamente social. La cara del pontificado iba a cambiar. El elegido entendió el mensaje ya desde su significativo
primer viaje a México en 1979: la cercanía a los países de
América Latina donde se continuaba fraguando la Teología
de la Liberación, así como la lucha a favor de la libertad religiosa en un país donde estaba prohibida, era una manera de
dar el toque de atención. Un viaje tras el que muchos pudieron sacar sus conclusiones. El mundo estaba cambiando y el
planeta iba a ser el escenario del hoy beato Juan Pablo II, sin
olvidar la otra geografía más doctrinal, más interna, de la
Iglesia. Dedicó los años de su pontificado, tanto cuando aún
estaba vigoroso como cuando se apreciaba su decrepitud física, a una presencia frenética en países, continentes, lugares
significativos, zonas nuevas y tierras de viejo cuño católico.
Aparecía en todos los rincones, en todas las culturas y entre
todo tipo de personas. Ha sido el personaje más mediático de

los últimos siglos. Su despedida no podía ser de otra manera
y su beatificación tampoco. Su presencia no le era indiferente
a nadie. Su palabra rotunda, sus gestos cargados de drama-
turgia, su sangre eslava, su genio, su sonrisa, su mensaje iban
calando. El «Huracán Wojtyła» arrasaba por donde pasaba
con la fuerza de su carisma personal. Incluso en las exequias,
aquel viento otoñal que removió las hojas de evangeliario,
era un símbolo de la fuerza de su estilo.

Hay quien ha indicado que Benedicto XVI, tras la beatificación de su amigo y antecesor, pensó que había llegado el
momento de renunciar y cerrar un ciclo en la historia de la
Iglesia, y que su viaje a Alemania en septiembre de ese mismo
año, 2011, era un viaje de despedida de su tierra. Yo así lo
creo y he visto, como indicaré, en sus discursos una especie
de testamento personal, espiritual, eclesial y doctrinal. Se ce-
lebraba el cincuenta aniversario de la convocatoria del Concilio Vaticano II. Era un año en el que, con la celebración del
Año Sacerdotal, quería poner un punto y aparte acabando
con el silencio cómplice de la Iglesia en los abusos sexuales del
clero, mediante una legislación dura y específica. Era el momento de irse, pero los nuevos problemas hicieron que tuviera
que retrasar su retiro.

Pero sigamos echando la mirada atrás. Mientras que Juan
Pablo II viajaba por el mundo, en el Vaticano había dos organismos que no descansaban y gobernaban la Iglesia. Uno, la
Secretaría de Estado y otro la Congregación para la Doctrina
de la Fe, el antiguo Santo Oficio. Allí, en la omnipotente Secretaría de Estado, dos cardenales con dos misiones distintas,
los dos responsables de la política vaticana del papa Wojtyła. Desde 1979 hasta 1990, el cardenal Agostino Casaroli,
pieza clave de Roma en la *Ostpolitik,* negociador nato, diplomático hábil que mostró una sagacidad especial en sus
relaciones con los países del otro lado del Telón de Acero y
que al final de su vida fue acusado injustamente de ser masón

por el arzobispo cismático Lefebvre. Tras la reunificación de Alemania, se retiró de la escena público hasta su muerte en 1998. Desde 1990 hasta 2006, el piamontés Angelo Sodano, hombre forjado en la diplomacia, procedente de la nunciatura de Chile, donde estuvo durante el gobierno de Pinochet, se ocupó de este importante cargo, el número dos del Vaticano. Con su llegada, el organismo tomó un nuevo rumbo que ha coincidido con una pérdida de significación diplomática, social y cultural de la Santa Sede en los organismos internacionales. Algunos vaticanistas consideran que los polvos suscitados por las actuaciones del cardenal Sodano son la causa de los lodos que hoy embarran a la Santa Sede, si bien continúa con su puesto de decano del Colegio Cardenalicio y mantiene una febril actividad en la sombra, hostil en muchas ocasiones a Ratzinger. Los grandes vientos han traído las tormentas que se han desatado en el pontificado de Benedicto XVI.

Angelo Sodano se mantuvo en el cargo hasta que en 2006 fue sustituido por el también lombardo Tarsicio Bertone, quien, tras su tarea como rector en el Ateneo Salesiano, congregación a la que pertenece, fue nombrado arzobispo de Vercelli, secretario de la Congregación para la Doctrina de la Fe donde, desde 1995, trabajó, trató y trabó amistad con el cardenal Ratzinger. Nombrado arzobispo de Génova por Juan Pablo II y cardenal en 2006, el Papa lo eligió para ser su número dos con no pocas críticas de la parte más diplomática curial. Denostada su labor en varias actuaciones, pero fundamental como responsable del todopoderoso y problemático Banco Vaticano, el IOR, Bertone ha sido acusado de favorecer a sus círculos y promover a sus candidatos, levantando los celos de una gran parte de la curia que nunca vio con buenos ojos su labor, pese a que él entendió siempre que era fiel a Benedicto XVI. Bertone, que ha sido la persona más cercana al Papa en estos años, ha estado en el ojo del huracán de las polémicas. Desde hace unos años se habla del «clan Bertone» y se juega con las siglas de la congregación a la que pertenece, SDB, Salesianos de Don Bosco, con no poca mofa, aludiendo al favoritismo para con su clan, se dice «Sempre di Bertone».

Pero volvamos a la tarea de Ratzinger en la Congregación para la Doctrina de la Fe, el antiguo santo Oficio que recibió el nombre actual en 1965. Una vez llegado desde Múnich en el invierno de 1982, aunque fue nombrado en noviembre del año anterior, se puso a disposición de Juan Pablo II, que, empeñado en la lucha contra el comunismo, necesitaba de alguien que hiciera la labor teológica interna, una labor que el Papa polaco consideraba necesaria. De Juan Pablo II se decía que se había propuesto clausurar dos revoluciones, la francesa y la rusa. Algo de verdad hay en esta afirmación. Consideraba el Occidente capitalista como un mal menor, dado su anticomunismo. Con la caída del bloque soviético, la lucha contra el Occidente capitalista se convirtió en el centro de sus dardos, principalmente contra el ateísmo de la sociedad occidental, la secularización del mundo moderno y lo que Ratzinger llamó más tarde «la dictadura del relativismo», objeto de su cruzada. Ratzinger había relativizado la diferencia entre Este y Oeste, condenando ambos sistemas en cuanto racionalistas: «Los dos grandes racionalismos del mundo, tanto el occidental positivista como el oriental comunista, han conducido al mundo a una profunda crisis», dijo en una carta escrita con motivo de una legación pontificia que presidió en Ecuador.

Juan Pablo II encontró en el arzobispo bávaro, a quien Pablo VI había nombrado cardenal en su último consistorio, un fiel aliado. Necesitaba a alguien con la cabeza bien amueblada, las ideas claras y de reconocido prestigio. Buscaba a quien confiarle la misión de calmar las aguas revueltas de la teología, pasados los años del posconcilio; alguien que con

ojos nuevos, penetrara en la disciplina eclesiástica y renovara
lo que se había deteriorado, devolviéndole un sentido que había perdido tras el Vaticano II; en definitiva, un guardián de
la fe. Y lo encontró en Múnich. Ya se conocían, probablemente de las sesiones conciliares, aunque no debieron tener
mucha relación por estar en comisiones distintas. Fue en el
Sínodo de la Catequesis, en 1977, cuando se conocieron mejor. Fue esta asamblea sinodal en la que participaron cuatro
personajes ligados al papado: Pablo VI, que lo convocó; así
como el Patriarca de Venecia, Albino Luciani, que sería después Juan Pablo I; el arzobispo de Cracovia, el futuro Juan
Pablo II; y el nuevo cardenal bávaro Joseph Ratzinger. Ya antes de que el prelado muniqués aterrizara en Roma, Juan Pablo II le había propuesto ser presidente de la Congregación
para la Educación Católica, pero se resistió y prefirió quedarse en su diócesis en la que apenas llevaba tres años. Fue al año
siguiente, tras el atentado contra Wojtyła, cuando atendió la
petición para presidir la Congregación para la Doctrina de
la Fe. Desempeñó el cargo, compaginándolo con otras muchas
responsabilidades de gran envergadura, hasta que fue elegido
pontífice. Fueron años de intensa actividad: documentos, libros, viajes y seguimiento de las teologías del momento.

Wojtyła y Ratzinger han sido las dos caras de una misma
moneda. Hay quien habla de un único pontificado, de treinta
y cinco años, casi una generación, y que él creyó concluido en
2011, cerrando muchos de los temas que su antecesor había
dejado pendientes. Wojtyła y Ratzinger. Aquel venía del bloque soviético, este de la Alemania devastada tras el hundi-
miento nazi. Aquel había trabajado en el Concilio Vaticano II como obispo y había participado muy activamente en
la elaboración de la *Gaudium et Spes* y en todo lo relacionado con la libertad religiosa, y este en la elaboración de la *Lumen Gentium* como teólogo consultor de Fring, cardenal de
Colonia. Dos documentos conciliares claves. Ratzinger fue

uno de los teólogos que hicieron el cambio de rumbo conciliar haciendo que las aguas del Rin renovaran las del Tíber. Ambos se creían en la necesidad de una aplicación conciliar siguiendo la hermenéutica de la renovación. Aquel, pastor y este, teólogo: Ratzinger ponía palabras y conceptos teológicos a lo que intuía Wojtyła. Una estrecha amistad, colaboradores profundos. Un tándem perfecto. El día del inicio de su pontificado lo dijo: «Siento la mano de mi predecesor». Conforme iba llegando el fin del pontificado de Juan Pablo II, Ratzinger consideraba que ya había llegado la hora de retirarse a su tierra. Su salud precaria tras varios microinfartos cerebrales le hacían recomendable una vida más reposada. Pensaba dedicarse al descanso, a la lectura y a finalizar su obra. Su hermano, una vez que había muerto su hermana, era la única familia que le quedaba. Juan Pablo II, no obstante, no quería quedarse sin su fiel colaborador.

GUARDIÁN DEL DOGMA

Con cincuenta y cuatro años Ratzinger aterriza en Roma. Nada más llegar comienza con su trabajo frenético. Juan Pablo II, recuperándose del atentado, retoma la agenda. Viajes numerosos, producción de documentos pontificios en los que ahora tendrá un gran colaborador No abandona su permanente lucha para ayudar al desmoronamiento del bloque soviético. Pero al papa Wojtyła le preocupaba mucho otro bloque, el que en América Latina se levantaba en la llamada Teología de la Liberación. En enero de 1979, el Papa había realizado su primer viaje a México, concretamente a la ciudad de Puebla, para clausurar la III Asamblea General del Consejo Episcopal Latinoamericano (CELAM). La Teología de la Liberación, que en 1968, en Medellín (Colombia), había recibido un fuerte apoyo, ahora, sin embargo, iba a tener un cambio de rumbo. «Mostrar a Jesús como el subversivo de Nazaret, empeñado en una lucha de clases contra el dominio romano es inaceptable y contrario a las enseñanzas de la Iglesia», dijo. Y no encontró mejor aliado para esta lucha que el cardenal Ratzinger. Había llegado la hora de abordar este tema que al Papa procedente de un país del viejo arco comunista preocupaba y que, de alguna manera había sido una de las claves a la hora de su elección. El cine siempre en el escenario. Si en estos últimos meses ha sido *Habemus Papam*, de Moretti, la película comentada por su temática relacionada con la renuncia de un pontífice, entonces la película de moda era *Las sandalias del pescador*, en la que se dibujaba la posibilidad de un pontífice procedente de países de más allá del Telón de Acero.

En 1984 el nuevo prefecto publicaba un documento claro para poner en su sitio a la teología que se fraguaba más allá del Atlántico. «Instrucciones sobre algunos aspectos de la Teología de la Liberación» amonestando a algunos «teólogos impregnados de marxismo». Son amonestados Gustavo Gutiérrez, Leonardo Boff y una larga lista de teólogos. Paralelamente algunos cardenales destacados, como es el caso del cardenal brasileño Lorscheider, son retirados del escenario paulatinamente. En España sucederá igual, como veremos. La década de 1980 será una década dura para el pensamiento teológico. Los obispos norteamericanos recibirían también su amonestación por la postura a favor del uso de preservativos en caso de sida, así como un documento sobre la investigación teológica. Algunas voces se levantaban con tono crítico. Tal era el caso del cardenal de Viena, König, quien, a pesar de haber sido quien señalara el nombre de Karol Wojtyła, veía ahora que se estaba desarrollando un concepto de papado muy afín a una «monarquía absoluta». Igualmente es amonestado el teólogo dominico Edward Schillebeeckx por algunas opiniones sobre el sacerdocio. Charles Curran

pierde su cátedra de Teología de la Universidad Católica de
América por algunas opiniones sobre el aborto y la homosexualidad. Y la labor de depuración y limpieza, de fortalecimiento del dogma y de la disciplina seguiría en la década
de 1990. Juan Pablo II quería acabar con los años de turbu-
lencia conciliar y empezar una nueva etapa.

Ratzinger elaboraba materiales, documentos, estudios
que iban a ser decisivos en esos años. Para algunos empezaba
el periodo de restauración, para otros el periodo de renovación necesario y para otros un involucionismo preocupante.
En 1985 el cardenal Ratzinger responde a Vitorio Messori
una amplia encuesta sobre temas candentes. Es su ya famoso
Informe sobre la fe, una enumeración del estado de salud de
la fe y de las necesarias medidas para su fortalecimiento. En
el estudio se ofrece una radiografía catastrófica del concilio.
Una brecha se va abriendo en el interior de la Iglesia y también con respecto al mundo. En la Iglesia por lo que se ve
como un involucionismo; en el exterior por el posicionamiento ante temas de índole moral y sexual. Para Ratzinger
el problema no está en el concilio, sino en su interpretación.
No admite que se ponga en duda la doctrina de la Iglesia sobre temas como sexualidad, matrimonio o bioética. Hace falta una restauración. El Papa ya había acometido la reforma
del Código de Derecho Canónico. Ahora había que llevar a
cabo la reforma del Catecismo. Como Trento había hecho,
había que elaborar un Catecismo Universal que acabara con
los muchos y variados proyectos de catequesis, los cuales,
que según el cardenal alemán, habían contribuido a la con-
fusión. Ratzinger presidiría la comisión encargada y que la
componía un grupo de expertos y obispos, entre ellos el actual cardenal español José Manuel Estepa Llaurens. La hoja
de ruta se fue aclarando en la década de 1980. Ya en la década siguiente, esa hoja de ruta adquirirá un componente más
geopolítico. El derrumbe del bloque soviético había trazado

un nuevo mapa en Europa. Era la hora de intervenir para recordar las raíces cristianas del continente. Ratzinger se volcaría en esta nueva tarea. Asentada la doctrina en la Iglesia, tocaba la hora de contribuir a la construcción del nuevo escenario europeo.

EMPIEZA A PENSARSE EN LA SUCESIÓN

En 1996, en Budapest, Juan Pablo II se ve obligado a interrumpir su discurso. Se empieza a decir que el Papa sufre la enfermedad de Parkinson. Comienza un calvario. La puesta en escena de nueve años de deterioro y decrepitud. Se atisba el año 2000 y una nueva imagen de pontificado. Es el momento de ir pensando en la sucesión, aunque queden años. La maquinaria vaticana empieza a ponerse en marcha. En ese momento cambia el sistema de elección de Papa con la nueva carta apostólica que regula la elección. Desaparece cierto consenso trasversal en el que los dos tercios expresaban la sabiduría de la institución para evitar el poder absoluto del Papa. Comienza así el ascenso al cardenalato de obispos latinoamericanos que tanto habían ayudado al Papa en su cruzada contra la Teología de la Liberación: Medina, Castrillón, Trujillo... Paralelamente van aumentando los movimientos de contestación dentro de la Iglesia, especialmente en Estados Unidos, en Austria y en Alemania. Es el momento en el que se fortalecen algunos movimientos que hasta entonces se habían mantenido en un segundo plano. Las nuevas realidades eclesiales empiezan a ocupar un papel destacado. Camino Neocatecumenal, Opus Dei, Comunión y Liberación se van adentrando en el tejido curial, logrando cotas de poder y colocando peones en lugares estratégicos. El Papa los considera *acies ordinata* para la lucha. Congregan gente, son entusiastas y dan una imagen de juventud que se iba perdiendo.

Paralelamente los Legionarios de Cristo toman más fuerza. Los hijos de Maciel se posicionan. Ratzinger nunca los vio con buenos ojos. Son momentos delicados.

En 2002, acabado el jubileo, la Iglesia se ve sin un personaje que pidiera guiar la nave de la Iglesia ante una eventual muerte del Papa. Ratzinger dice en un semanario diocesano de Múnich: «Si el Papa no puede, debe dimitir». En 2003 el viaje a Eslovaquia se convierte en un calvario para el viejo pontífice. Empieza a temerse lo peor. Ratzinger cree que ha cumplido su misión. Es hora de marcharse, pero la maquinaria de la sucesión se pone en marcha. Así que tampoco ahora es el momento oportuno, tendrá que esperar. Pretende pasar sus últimos años en Baviera. En dos ocasiones le había planteado al Papa la renuncia, y la segunda vez, en 2002, de modo insistente, pues había cumplido la edad canónica de setenta y cinco años. El Papa polaco le da largas y prepara una pequeña emboscada. Le cuesta trabajo deshacerse de su mano derecha. La visión geopolítica era cosa suya, pero el pensamiento teológico se hacía cada vez más necesario. Ratzinger acepta continuar pero no por mucho tiempo más. Su salud también es cada vez más débil. Tiene que controlarse la diabetes y la hipertensión. Pese a su vida metódica y ordenada los médicos le han recomendado un mayor descanso. Mientras tanto crece el declive físico de Juan Pablo II que ha decidido mostrar su sufrimiento al mundo. Si el Papa aguanta en aquellas circunstancias, Ratzinger no puede ser menos. No puede abandonar. En la curia empiezan a sonar las alarmas. Un pontificado tan largo había ido quemando candidatos. En 2003 se dan cuenta de que no hay relevo, que será difícil buscar un perfil que se ajuste a los criterios del momento, alguien que salve el centralismo romano, que restablezca la disciplina y la doctrina, que no consienta errores, como según algunos miembros de la curia había sido el encuentro interreligioso de Asís o la petición de perdón por los pecados de la Iglesia de Juan Pablo II con motivo del año jubilar. Es entonces cuando emerge el *lobby* Ratzinger formado mayoritariamente por cardenales de habla hispana. A ellos se irán uniendo otros amigos, como el cardenal de Viena, el cardenal Tarsicio Bertone y otros ligados a movimientos eclesiales. Es un periodo previo al cónclave denso y lento en el que se van sumando voluntades. Pero hay que tener cuidado, porque el Papa aún vive, aunque cada día esté más enfermo.

OPERACIÓN DE MARKETING CON EL CARDENAL RATZINGER

Son conscientes de que el candidato no puede ser otro, pero también de que necesita un recorrido para dar a conocer sus dotes, demasiado escondidas como guardián de la fe. Ratzinger tiene una imagen que hay que cuidar. Tiene muchas cosas a su favor: es de los pocos que han estado en el Concilio Vaticano II, posee un amplio conocimiento del pontificado anterior, sus escritos, especialmente su *Introducción al cristianismo*, de 1968, han servido de base formativa a gran parte del clero, posee una mente lúcida, firmeza en la doctrina, capacidad de diálogo con los no creyentes y una idea clara de por dónde ha de ir la Iglesia. Pero además tiene un proyecto europeo en su cabeza. Empieza la operación.

En enero de 2004 Ratzinger celebra un coloquio con el filósofo Habermas en la Academia Católica de Múnich. También antes, en el año 2000, había hecho algo parecido con Flores d'Arcais. En mayo de 2004 tiene una intervención en el Senado italiano sobre las raíces cristianas de Europa. En junio destaca su discurso con motivo del sesenta aniversario del desembarco de Normandía. Llega a hablar de «guerra justa como instrumento de paz», refiriéndose a la alianza antinazi. Son guiños para mostrar al hombre que Europa necesita en ese momento. La Iglesia no puede perder su significación europea. Pese a sentirse cansado vive un año con frecuentes viajes y conferencias. En agosto de 2004 Juan Pablo II viaja a Lourdes. Es entonces cuando se empieza a fraguar una estrategia. La salud del Papa ya es realmente preocupante. Navarro-Valls prepara una entrevista en el rotativo italiano *La Reppublica*. Las respuestas iban a ser otro «informe sobre la fe», pero más *ad extra*. El expresidente de Italia, Cossiga, difunde el texto, se traduce y llega a muchos países, gracias especialmente a la divulgación de algunos nuevos movimientos.

Y llega la Semana Santa de 2005. El Papa ya no puede presidir los actos litúrgicos de esos días. Será el cardenal Ratzinger el encargado en calidad de camarlengo. Todo medido en tiempos vaticanos. *Via Crucis* en el Coliseo, Oficios Divinos en la Basílica, Funerales, Cónclave. Todo preparado. Ratzinger podía ser Papa, ¿por qué no? No podía ser otro. Y aquella tarde primaveral, asomado a la logia de la basílica se presentaba al mundo. No podía ser otro. Empezaba su pontificado. Un pontificado de poco menos de ocho años.

5

UN PONTIFICADO CORTO, INTENSO Y POLÉMICO

«Necesito tiempo aún para acostumbrarme a esta sotana blanca», dijo Benedicto XVI en el desayuno posterior a su elección, mientras compartía mesa y mantel con el resto de los cardenales en la Casa de Santa Marta. Y se retiró a preparar la homilía que pronunció ante los cardenales en la Capilla Sixtina. Ya desde el comienzo, en aquel primer texto, trazó aspectos importantes: colegialidad, Vaticano II, diálogo con los teólogos y ecumenismo. Pese a su fama de hombre duro escondido en los muros del edificio del antiguo Santo Oficio, siempre se le recuerda como hombre afable. Un prelado español acompañó a otros compañeros en su primera visita *Ad Limina*. Se acercaron a visitar al entonces cardenal Ratzinger. Me comentó no hace mucho: «Me impresionó el ardor que un obispo español ponía en condenar a un teólogo que tenía una causa pendiente en Roma. Ratzinger insistió con mucha serenidad en que se hablara con él, que se abriera un periodo de diálogo fraterno y que no se llegara tan pronto a la condena. Y en caso de hacerlo que quedara claro que eran sus ideas las que tenían que corregirse. Que nunca se atacara a la persona. Aquello cambió mi idea sobre el cardenal alemán al que tan fiero me pintaban». Ratzinger proponía el diálogo con los teólogos desde la firmeza de las propias ideas. Y curiosamente uno de los primeros encuentros lo tuvo con su antiguo compañero en la universidad y en los últimos años, crítico con el Vaticano, el teólogo suizo Hans Küng.

«Ratzinger dará sorpresas. Os lo aseguro», dijo después de un encuentro con él en la residencia veraniega del Papa. Era el comentario de un viejo amigo que no se equivoca.

Era inevitable que durante los primeros días se comparara a los dos Papas. Ratzinger no gesticulaba como su antecesor, no abrazaba a los niños de la misma forma, no hacía largos recorridos entre las masas, elevaba los brazos con cierta timidez, aparecía en los escenarios con suave sonrisa, sin gestos teatrales, decoró las estancias de forma sencilla, se rodeó de un pequeño círculo de colaboradores, buscaba sus ratos libres para leer, estudiar y tocar el piano. Era un estilo distinto. Su contacto con las masas era con la palabra más que con los gestos. Sobriedad y modestia. Un silencio precedía siempre a sus palabras breves, claras, positivas, sin condenas, sin aspavientos, sin titulares. La gente empezó a sentirse atraída por él. Pero nadie podía olvidar a su antecesor. Él mismo era consciente. Ya lo dijo: «Siento su mano tomando la mía». Cuando se asomó a la ventana para el primer ángelus, expresó su deseo de continuar con lo que había quedado interrumpido con la muerte de Wojtyła: «Seguiré las catequesis en donde mi amado predecesor las dejó». Se sabía no solo sucesor sino también heredero. Estilos distintos en la misma senda.

Y arrancó su pontificado con una eucaristía en la que cada gesto, cada símbolo y cada palabra estaban muy bien medidos. Ratzinger, autor del libro *El espíritu de la liturgia*, midió con detalle el simbolismo de la celebración destacando y explicando en su homilía el sentido de la cátedra de Pedro, el anillo del pescador, el palio y el escudo. La mitra sustituía a la tiara que, aunque había dejado de usarse con Pablo VI, permanecía en el escudo. Ahora solo era la mitra. Si estaba allí era porque era obispo de Roma. Un guiño ecuménico que entendieron los representantes de las distintas confesiones allí presentes. Y los muchos representantes de otras religiones y países ajenos a la fe cristiana. Estaba recogiendo lo que

Juan Pablo II había sembrado, una labor a la que él no había sido ajeno. Y los presentes allí lo sabían. Se lo dijo el embajador israelí en el saludo. Juan Pablo II estaba presente en el recuerdo de aquellos días. Era imposible borrarlo. Habían sido muchos años. Y no podía menos que hacer otra cosa: abrir el proceso de canonización. Escuchaba a las multitudes: «Santo subito!». En mayo, a los pocos días de la elección, lo comunicó al clero de Roma, rompiendo la costumbre de esperar a los cinco años preceptivos. Quién era él para negar lo que el pueblo de Dios pedía. El teólogo sabía muy bien cómo se hacían estas cosas en la Iglesia primitiva. *Lex orandi, lex credendi.*

Y comenzó realizando solo los cambios necesarios. Para el resto prefirió esperar al año siguiente. Lo que quedaba de 2005 se presentaba intenso. El cardenal solo había cambiado de casa. Poco tenía que conocer en los Palacios Apostólicos que no conociera ya, pocas eran las tareas sobre las que no supiera o no hubiera sido recabada su opinión. Su conocimiento de los ambientes vaticanos era preciso. Ahora tocaba trabajar de otra manera, teniendo menos apariciones públicas y dejando que algunos trabajos como las beatificaciones se celebraran en las diócesis. El Papa solo presidiría las canonizaciones. Y la agenda corría: encuentro con la Comisión Internacional de Judíos con motivo del cuarenta aniversario del decreto *Nostra Aetate* del Vaticano II; publicación del *Compendio del Catecismo de la Iglesia Católica*, obra suya y cuya edición española fue encargada a su amigo y colaborador, el actual cardenal Estepa; días de descanso en los mismos lugares de su antecesor, en Les Combes; viaje a Colonia para la Jornada Mundial de la Juventud y visita a la sinagoga judía; encuentro con Bernard Fellay, superior de la Fraternidad Sacerdotal San Pío X, el grupo cismático de Lefebvre; encuentros con amigos teólogos, siguiendo una antigua costumbre, cuando le era imposible dirigir las muchas tesis que le solicitaban... Una agenda apretada, como se ve. Decidió mantener un encuentro periódico con los estudiantes y los profesores de Teología, ya desde sus tiempos de profesor en Tubinga. En octubre, la actividad se centró en el Sínodo de la Eucaristía, una ocasión que aprovechó para encontrarse con muchos obispos y conocer más el mapa eclesial. Y fueron llegando los problemas que más tarde le supusieron tanto dolor. Las víctimas de abusos sexuales por parte de algunos clérigos, veían cómo sus denuncias eran escuchadas en la Santa Sede. El Papa actuaba. Y mientras tanto, iba dejando su impronta y su mensaje ante los obispos que lo visitaban, los embajadores que le presentaban las cartas credenciales, o en las audiencias generales. En su discurso a la curia antes de Navidad habló de asuntos tan importantes como el de la hermenéutica de la continuidad o el de la reforma abordada e iniciada por el Vaticano II, lo cual provocó un revuelo entre teólogos, un miedo a que el Vaticano II entrara en vía muerta. Uno de los fontaneros de algunos documentos conciliares, uno de los que había cambiado el ritmo inicial del concilio, ahora tenía miedo. ¿Era así? El Papa los tranquilizó: «Cuarenta años después puedo decir que los aciertos han sido mucho mayores que los errores». Pero lo que más sorprendió fue cómo acabó el año, con la publicación de su primera encíclica, escrita de su puño y letra, *Deus Caritas est*. El amor, lo primero de todo. San Agustín asomando de nuevo en el quehacer de su vida. Y no será la última. No olvidemos que su tesis doctoral, allá por 1954, estuvo dedicada a la doctrina de la Iglesia del santo de Hipona.

2006, UN AÑO ECUMÉNICO Y DE CAMBIOS CURIALES

A Benedicto XVI le interesa la comunión eclesial. Ha sido su caballo de batalla. Para algunos teólogos, algunas de sus proposiciones en la *Dominus Iesus* que tanto revuelo levantó desde su publicación en agosto del año 2000, no ayudan a esa deseada comunión, pero él es firme, tiene su plan y a lo largo de este año, la hoja de ruta fundamental será la ecuménica. Nada más comenzar el año, el día 7 de enero, recibe al Consejo General de las Iglesias de la Reforma, expresándoles un sincero deseo de diálogo. Unos días más tarde, el día 25, fiesta de la conversión de san Pablo y en la basílica dedicada al apóstol de los gentiles, clausurando el Octavario de Oración por la Unidad de las Iglesias, se encuentra y reza con representantes de diversas confesiones cristianas. Está acostumbrado. Ya en su época de profesor, los teólogos protestantes solían destacar que Ratzinger había sido el único teólogo que, al menos, se había leído íntegras las obras de Lutero. Y para leer al fraile reformador, el conocimiento profundo de san Agustín es de gran ayuda. Desde la basílica de San Pablo Extramuros Benedicto XVI envió un mensaje a quienes se reunirían en la III Asamblea Ecuménica Europea en Sibiu, Rumanía. Gestos ecuménicos, muchos. El ardor por la comunión y la unidad, un ardor que le viene desde la juventud. En marzo, cuando apareció el *Anuario Pontificio*, un título tradicional del Papa fue retirado de la larga lista que acompaña su nombre en el vademécum vaticano. Ya no aparece como «Patriarca de Occidente». El cambio es un gesto ecuménico con las Iglesias ortodoxas de Rusia y de Grecia. Pequeños gestos, pequeños pasos. Y preocupación por la comunión, tema al que comenzó a dedicar sus catequesis en la Cuaresma. Fue ahí donde las dotes del profesor se ponían de manifiesto. Su conocimiento de la Escritura, de la Patrística y de la Teología se advertía en la forma en que iba acomodándolo a la actualidad. El número de visitas a Roma se incrementaba. Las estadísticas hablaban de un número mayor que el de los que acudían a las audiencias de su antecesor. Estos encuentros de calado ecuménico se potenciaron en noviembre con las Iglesias ortodoxas y en diciembre con motivo de la audiencia concedida al Patriarca de Alejandría.

Pero también el diálogo interreligioso. A lo largo del año, los encuentros fueron variados con el rabino de Roma, Riccardo di Segni, con el dalai lama y con representantes de varias corrientes musulmanas, principalmente a raíz del conflicto por el famoso discurso de Ratisbona, en concreto cuando el Papa cita un texto de Manuel II Paleólogo (1350-1425). El gran muftí de Egipto y treinta y siete clérigos islámicos le escribieron haciéndole saber que entendían que el revuelo ocasionado por sus palabras en aquella universidad fue simplemente fruto de una cita mal entendida, y que contara con su apoyo. Este había sido todo un problema de comunicación que empezó a preocupar en el Vaticano y posteriormente habría otros. En algunos sectores corrió la voz interesada de que «esto no hubiera pasado con el antiguo portavoz y con el anterior secretario de Estado». Se referían al español Joaquín Navarro-Valls, miembro destacado del Opus Dei y portavoz vaticano con Juan Pablo II que había sido depuesto del cargo y sustituido por el jesuita Lombardi, unos días antes. Para algunos periodistas cercanos al Opus Dei, esto no hubiera sucedido si ese cargo lo hubiera ocupado alguno de sus miembros expertos en comunicación institucional, especialidad en auge en su Universidad de la Santa Croce de Roma. Sin embargo la respuesta llegó rauda. Fueron profesores de este centro quienes se mostraron prestos a ayudar para suavizar la tensión con sus dotes profesionales, una vez que los comentarios crecían. Ya había aprendido a hacer del limón limonada. También un poco antes había sido sustituido el secretario de Estado Angelo Sodano por Tarsicio Bertone, con un malestar en los ámbitos diplomáticos, poco acostumbrados a que este cargo no lo ocupara un diplomático de carrera. La sombra de Sodano seguiría en este y en otros conflictos posteriores. Por otra parte, la versión del discurso de Ratisbona contiene una nota final que expresa el parecer personal del Santo Padre ante el revuelo causado. La nota dice textualmente: «Lamentablemente, esta cita ha sido considerada en el mundo musulmán como expresión de mi posición personal, suscitando así una comprensible indignación. Espero que el lector de mi texto comprenda inmediatamente que esta frase no expresa mi valoración personal con respecto al Corán, hacia el cual siento el respeto que se debe al libro sagrado de una gran religión. Al citar el texto del emperador Manuel II solo quería poner de relieve la relación esencial que existe entre la fe y la razón. En este punto estoy de acuerdo con Manuel II, pero sin hacer mía su polémica».

Fue también este un año de viajes. El primero a Polonia, a los lugares de su antecesor. La visita al campo de concentración de Auschwitz mostró a un Papa alemán sonrojado y triste al entrar en el recinto. Sus palabras impresionaron a los asistentes: «¿Dónde estaba Dios en estos días oscuros?». En verano visitó Valencia con motivo de la Jornada Mundial de la Familia. Se esperaban sus palabras en presencia del presidente del gobierno, el socialista Rodríguez Zapatero, quien el año anterior había sacado adelante, a pesar de las muchas protestas de la Iglesia, la ley que regulaba el matrimonio entre personas del mismo sexo. «El matrimonio cristiano tiene que ser protegido», dijo el Papa, con las consecuentes protestas de colectivos homosexuales, aunque extrañó que sus palabras no fueran de condena explícita. En la recta final del año, dos viajes marcaron una agenda cargada de problemas. Lo que iba a ser un viaje íntimo y significativo a su tierra, a Baviera, se volvió polémico con motivo del discurso pronunciado en la Universidad de Ratisbona. El siguiente viaje a Turquía se vería ensombrecido por ese mismo altercado. Quizás habría que replantear otra fecha para el viaje. Pero la agenda siguió adelante y el periplo sirvió para limar asperezas y abrir nuevos caminos.

Y en medio de todo, el deseo del Papa de reformar la Iglesia. Sonado fue el caso del sacerdote Marcial Maciel, fundador de los Legionarios de Cristo. Ante las protestas recibidas por su conducta inapropiada, el Papa quiso que desde 2004, el sacerdote mexicano, con gran poder en la curia, fuera investigado. Una auténtica bomba en la curia en donde tantos favores solía comprar. Benedicto XVI no iba a dar marcha atrás. La limpieza había comenzado. Para ello dio otro paso importante sustituyendo al cardenal Darío Castrillón como prefecto de la Congregación para el Clero y sustituyéndolo por el cardenal Hummes, franciscano, a quien hizo venir de Brasil para liderar tarea tan delicada. Años más tarde, el cardenal franciscano se retiró a su tierra con cierta amargura y sonriente semblante. Hubo muchas cosas que no pudo cambiar y tuvo que marcharse.

2007, EL AÑO DE APARECIDA

Es el año del viaje de Benedicto XVI a América. La ocasión es la reunión de la V Asamblea del Consejo Episcopal Latinoamericano en el santuario de Aparecida, en Brasil. Muchos esperaban este viaje. Su actuación en los temas relacionados con la Teología de la Liberación había dejado en aquellos países la imagen del defensor del dogma y perseguidor de teólogos progresistas. En el viaje, de forma menos teológica y más pastoral, fue él mismo. Los obispos de aquellos lugares no eran los mismos. Todos, invitados por el Papa, empezaron una dinámica distinta, la llamada «conversión pastoral», senda por la que la Iglesia se movería, no renunciando a la defensa de la justicia, reconociendo el valor y la valentía de tantos cristianos que allí trabajan con los pobres y alentando a un trabajo más espiritual que político. Ratzinger encontró una Iglesia muy distinta a la que había encontrado en sus años de prefecto. Él había contribuido a cambiarla. La geografía episcopal era muy distinta.

La agenda del resto del año fue más tranquila. Empezaron a detectarse en el Papa ciertos síntomas de cansancio y agotamiento. En marzo dio a conocer la exhortación apostólica postsinodal *Sacramentum Caritatis*. En abril, presenta su nuevo libro *Jesús de Nazaret* y visita en Pavía la tumba de san Agustín. Tras el viaje a Brasil, ya en junio, se entrevistó con el presidente de Estados Unidos, George Bush, a quien pidió soluciones negociadas para Irak y con quien habló de la posibilidad de visitar aquel país. También recibió al primer ministro británico Tony Blair, convertido al catolicismo y que acudió a despedirse antes de dejar el cargo. Importante en ese mes fue la carta que el Papa escribió a los católicos en China. En junio de 2007 la polémica vino servida por la publicación del motu proprio *Summorum Pontificum* sobre el uso de la liturgia anterior a la reforma de 1970. Este documento fue contestado por muchos católicos que vieron en él una vuelta atrás, un retroceso en las reformas conciliares. Tras las vacaciones, visitó Austria, un país que conocía bien y donde la Iglesia había atravesado problemas de división interna, motivados por la postura de muchos sacerdotes y laicos agrupados en el colectivo Somos Iglesia que pedía una mayor apertura del Vaticano en temas fronterizos. El abandono de muchos cristianos y las disensiones internas aún permanecen en aquel país. En octubre viajó a Nápoles para acompañar a la Comunidad de San Egidio en el Encuentro Interreligioso donde habló de la necesidad de luchar contra la violencia y construir una sociedad en paz, precisamente en un lugar azotado por la mafia. En noviembre, tras un consistorio en el que nombró a veintitrés nuevos cardenales, entre ellos los españoles Urbano Navarrete, Martínez Sistach y García Gasco, publicó su segunda encíclica, *Spe Salvi*.

2008. ESTADOS UNIDOS, AUSTRALIA Y FRANCIA

Un año para tres continentes. En abril viajó a Estados Unidos. Un viaje complicado que el Papa afrontó con valentía, con discursos claros, con posturas nítidas ante el problema de los abusos sexuales del clero: «No puede ser sacerdote el culpable de pedofilia», dijo. Una visita que sería importante también para conocer de cerca una Iglesia zarandeada por divisiones internas, por posturas encontradas en temas espinosos. En la sede de la ONU, como hicieran sus predecesores, Benedicto XVI lanzó un nuevo mensaje de paz abogando por poner a la persona como centro de las instituciones y las leyes. En el mes de julio el destino fue Australia, concretamente Sídney para asistir a la Jornada Mundial de la Juventud. Ha sido la visita más larga de su pontificado y en ella mostró de nuevo su postura enérgica contra los casos de pederastia en un país especialmente afectado por la lacra de abusos, y mantuvo encuentros con las comunidades aborígenes. Y el tercer viaje fue a Francia, concretamente a París y a Lourdes, con motivo del ciento cincuenta aniversario de las apariciones. En su primera etapa destacó en sus numerosos encuentros, y especialmente ante el presidente de la República, Nicolas Sarkozy, su apuesta por una laicidad sana y positiva. De manera clara lo expresó en su discurso en el Colegio de los Bernardinos. Una visita clave en la que Benedicto XVI desplegó todo su magisterio sobre Europa y la postura de la Iglesia en la sociedad laica.

Otros dos acontecimientos eclesiales marcaron el año. Uno en el mes de junio. Fue la inauguración del año paulino, impregnado también de acentos ecuménicos. Otro, la sesión del XII Sínodo de Obispos dedicado a la Palabra de Dios en la vida y en la misión de la Iglesia. La *Verbum Domini* será su fruto como documento postsinodal.

2009. UN AÑO DE DISGUSTOS

Cuando empezó este año, el Papa se encontró con un problema nuevo, fruto de la deficitaria comunicación en la Iglesia. La sombra de Sodano para muchos. El día 24 de enero hizo público el levantamiento de la excomunión a cuatro obispos ordenados en 1988 por Marcel Lefebvre, un paso más para la reconciliación definitiva, aunque quedaran temas doctrinales de fondo. Al momento, uno de ellos, el británico Richard Williamson, fue acusado de negar el genocidio nazi. El Papa no se había informado bien. Sus asesores no conocían este detalle, que ya corría por la red. Benedicto XVI pidió excusas y en marzo escribió una carta a todos los obispos del mundo, una carta poco frecuente en un pontífice, atípica. En ella explicaba, haciendo un ejercicio de colegialidad episcopal, el calado del levantamiento de esta excomunión.

En marzo visitó Camerún y Angola. Una visita con un mensaje de esperanza y aliento, que no obstante quedó ensombrecida por la polémica de unas palabras suyas sobre el uso del preservativo en un continente asolado por el sida. En mayo el destino fue Jordania e Israel como embajador de la paz y del diálogo. En sus mensajes elogió la libertad religiosa, pidió combatir el antisemitismo y condenó el muro que separa Cisjordania del territorio israelí.

Y en junio arranca el año sacerdotal, especialmente pensado para ayudar a la necesaria renovación del clero. La ocasión fue el ciento cincuenta aniversario de la muerte del cura de Ars. Ya en julio apareció su tercera encíclica *Caritas in Veritate*, un documento muy esperado en un momento de crisis financiera. La propuesta ética del Papa atrajo el interés mundial. Continuaron los esfuerzos con los miembros de la Fraternidad Sacerdotal San Pío X a los que escribió la carta *Ecclesiae Unitatem* modificando la comisión *Ecclesia Dei*, para facilitar la plena comunión eclesial de quienes desearan volver a la Iglesia manteniendo algunas costumbres litúrgicas y espirituales. El curso acabó con una visita del presidente Obama con el que abrió una nueva etapa en las relaciones diplomáticas con Estados Unidos.

Ya en otoño la visita a la República Checa fue una de las que marcaron la idea de Europa del Papa. A la vuelta, en octubre, celebró el Sínodo para África, recordando su viaje y mostrando su esperanza en aquel «pulmón espiritual amenazado de un virus como el materialismo práctico y el fundamentalismo». En noviembre, tras visitar la ciudad natal de Pablo VI, Brescia, dio a conocer una carta de calado ecuménico: *Anglicanorum Coetibus*, creando una estructura canónica para los fieles de la comunión anglicana que desearan volver a la Iglesia católica. Un año especial e intenso. Más duro será el siguiente.

2010. «ANNUS HORRIBILIS»

«El silencio de Pío XII frente a la Shoah nos duele aún como una falta». Estas duras palabras se las dirigió Riccardo Pacifici a Benedicto XVI. El presidente de la comunidad judía de la capital italiana se refirió explícitamente a la conducta de Pío XII ante el Holocausto: «El silencio de Pío XII ante la Shoah aún duele porque debió haber hecho algo; quizás no hubiera podido detener los trenes de la muerte, pero podría haber lanzado una señal, una palabra de consuelo extremo, de solidaridad humana hacia nuestros hermanos transportados a los campos de exterminio de Auschwitz».

Ni siquiera Riccardo di Segni, rabino de Roma, mencionó el nombre de Pío XII. Sí dijo, al dirigirse a Benedicto XVI, que el silencio del hombre «no escapa al juicio».

Benedicto XVI, de modo rotundo, afirmó acerca el genocidio nazi que «por desgracia, muchos permanecieron indiferentes; pero muchos, también entre los católicos italianos, sostenidos por la fe y por la enseñanza cristiana, reaccionaron con valor, abriendo sus brazos para socorrer a los judíos perseguidos y fugitivos, a menudo arriesgando su propia vida, y merecen una gratitud perenne. También la Sede Apostólica llevó a cabo una acción de socorro, a menudo oculta y discreta».

El silencio… Cómo le duele el silencio a este Papa. Así en los casos de pederastia que aborda con los obispos irlandeses, en una dura reunión. Les escribiría una carta a todos los cristianos de Irlanda «escandalizado y herido», reconociendo errores y anunciando medidas severas. Se presentó una primavera dura, acosado por las noticias que iban llegando sobre escándalos sexuales. Un viaje más relajado a la católica isla de Malta le devolvió las energías, como también el viaje a Portugal, concretamente a Fátima, y a Chipre, pese al profundo conflicto en el que vive la isla. Allí entrega a los obispos el *Instrumentum Laboris* para el Sínodo de Oriente Medio alentando a los muchos cristianos perseguidos en esa zona. En la clausura del año sacerdotal, se ve a un Papa cansado y emocionado ante una inmensa mancha blanca en la plaza de San Pedro, borrando la mancha negra de la pederastia. Más sacerdotes grandes que pecadores. En julio volverá a la carga con nuevas medidas para frenar los abusos sexuales. Y en septiembre, otro viaje significativo. Esta vez a Reino Unido. Encuentros ecuménicos, políticos, culturales y la beatificación del cardenal Newman, un nuevo guiño a aquel país y una manera de entender la fe y el diálogo con la razón. En noviembre un viaje relámpago a España, concretamente a Santiago de Compostela y Barcelona, y a finales de año, en un esfuerzo más por hacerse entender, aparece el libro entrevista con Peter Seewald, *Luz del mundo*, donde el Papa responde a las preguntas del periodista. Ratzinger quiere aclarar y explicar sus posturas con respecto a muchas cosas.

2011. BEATIFICADO SU PREDECESOR

El año estuvo marcado por la beatificación de Juan Pablo II. Hubo una gran fiesta en Roma y la Ciudad Eterna parecía aún escuchar la voz de Wojtyła. Ratzinger se mantuvo en un segundo plano, pese a presidir las ceremonias. Un discreto gesto que fue advertido por todos. En aquellos días se presentó el segundo tomo de su obra sobre Jesús. *De la entrada en Jerusalén a la Resurrección*. Viajes a Croacia y Madrid para la Jornada Mundial de la Juventud y otro a su tierra, Alemania, un viaje del que hablaremos más extensamente dada su significación. La IV Jornada de Oración por la Paz en Asís fue una revalidación del espíritu interreligioso de Juan Pablo II, el mejor de los homenajes. Este encuentro, que algunos miembros de la curia habían cuestionado, ya va tomando cuerpo y se ha consolidado con Benedicto XVI, ahuyentando las dudas sobre el sincretismo del acto.

2012. EL AÑO DE LA LENTA RETIRADA

Viendo la agenda con perspectiva, podríamos decir que este es el año de la lenta retirada. Un consistorio en el que crea veintidós nuevos cardenales, muy italianos y muy curiales. Tras los agradecimientos vienen los compromisos: el Papa viaja a México y Cuba. Se advierte su cansancio, que aumenta cuando en el mes de mayo su mayordomo es apresado y acusado de robo de documentos. Se reúne con cardenales para pensar una estrategia ante los escándalos que van saliendo del llamado Vatileaks. Un pequeño viaje al Líbano le devuelve la ilusión y, aunque los ochenta y cinco años pesan, sigue en la brecha y en octubre inaugura el Sínodo de la Nueva Evangelización, una de sus grandes ideas y urgencias. Europa necesita una nueva propuesta del Evangelio. Empieza el año de la fe, el cincuenta aniversario del Concilio Vaticano II, el tercer volumen de su obra *La infancia de Jesús*. Todo se va aquietando para que, a comienzos de 2013, sorprenda con una renuncia, que no un abandono. La Iglesia, por primera vez en la historia, se ve con dos romanos pontífices, no cismáticos. Uno en activo, otro emérito, en el descanso y la oración. Normalización y modernización. *Ecclesia semper reformanda est.*

UN PONTIFICADO POLÉMICO

No ha sido fácil. La polémica lo ha acompañado, ya desde el mismo inicio del pontificado. Él, que había denunciado la «suciedad» en la Iglesia poco antes de acceder al papado, que se había mantenido alejado de los círculos del poder político y curial, tuvo que trabajar para seguir con la operación de limpieza en la Iglesia. Es verdad que su actuación en los temas doctrinales fue muy contestada por los sectores más progresistas en la Iglesia, los mismos que ahora aplauden su labor de limpieza.

Han sido muchas las crisis, las polémicas, los problemas... No siempre las respuestas fueron lo suficientemente rápidas o correctas pero, en definitiva, en todas ellas ha quedado patente su voluntad de abordar los problemas.

Una larga lista de dificultades proceden de la curia, razón por la que, para muchos, una de las primeras labores que el nuevo pontífice ha de realizar no es otra que la de la renovación de la curia, acentuando su carácter más espiritual, creando organismos más dedicados a la evangelización, a la coordinación interna. Y aquellos otros que deben tratar de los asuntos temporales, deben seguir criterios más éticos, haciendo que la Santa Sede sea un modelo de ética y de moralidad. No lo es. Y eso ha supuesto problemas que han afectado a su credibilidad.

Otro de los problemas ha tenido su base en una *política de comunicación errónea*, una campaña mediática contra el Papa y la Iglesia que siempre acaba en el conocido dicho: «A río revuelto, ganancia de pescadores». La postura que expresan Andrea Tornielli y Paolo Rodari en su libro *Attacco a Ratzinger* (*En defensa del Papa*, en su edición española) es una de ellas y, quizás, la más convincente: «Aunque el Papa no está solo, y aunque en su entorno cuenta con personas fieles que le ayudan, en muchas ocasiones le han dejado objetivamente solo. No hay un equipo que lo sostenga adecuadamente, que le prevenga acerca de determinados problemas, que muestre cómo responder de un modo eficaz».

El mayor de los problemas que requirieron la actuación de Benedicto XVI fueron los *abusos sexuales a menores* por parte de sacerdotes y religiosos, ante los que respondió con valentía y contundencia. El primer golpe llegó en mayo de 2009, con la publicación del Informe Ryan, de más de dos mil páginas, en el que se detallaban «negligencias y abusos físicos, sexuales y emocionales perpetrados contra niños» entre las décadas de 1930 y 1970 en escuelas, hospitales y orfanatos públicos de Irlanda gestionados por congregaciones religiosas. Poco después, otro informe, el dirigido por la jueza Yvonne Murphy, documentaba los abusos perpetrados en la archidiócesis de Dublín entre 1975 y 2004. La publicación de estos informes daría el pistoletazo de salida a la crisis de los abusos y a la reacción del Vaticano ante acusaciones que llegaron desde muchos rincones del mundo y que tuvieron su epicentro en el primer semestre de 2010, *annus horribilis* para el Papa, tal y como lo definí yo mismo en mi libro *Tolerancia cero. La cruzada de Benedicto XVI contra la pederastia en la Iglesia*. Fueron pocos los días de esos primeros meses del año de 2010 en los que no aparecían en los periódicos nuevos casos de abusos y de encubrimientos de los mismos por parte de la jerarquía. Austria, Bélgica, Alemania, Estados Unidos... En estos dos últimos países incluso se intentó implicar al propio Benedicto XVI, al que se juzgó, desde algunos medios de comunicación, como parte del problema, aunque fue más bien la solución. Incluso agravaron el problema las declaraciones, tan mal interpretadas como inoportunas, de algunas personas cercanas a él. Es el caso de Rainiero Cantalamessa, predicador de la Santa Sede, que comparó los ataques a la Iglesia por los casos de pederastia con el Holocausto judío; y el del secretario de Estado, Tarcisio Bertone, que en un viaje a Chile vinculó la homosexualidad y los abusos a menores.

En cualquier caso, no es posible silenciar la labor y la decisión de Benedicto XVI. Él es el Papa de la tolerancia cero y de la transparencia, como atestiguan la *Guía para comprender los procedimientos fundamentales de la Congregación para la Doctrina de la Fe cuando se trata de las acusaciones de abusos sexuales* y las nuevas *Normas sobre los delitos más graves*, y otras respuestas más concretas como la *Carta pastoral de Benedicto XVI a los católicos de Irlanda*, sus palabras y encuentros con víctimas en sus viajes, sus lágrimas y su continua petición de perdón: «También nosotros pedimos perdón insistentemente a Dios y a las personas afectadas».

Otro asunto polémico, el último por orden cronológico, fue el llamado caso Vatileaks, o lo que es lo mismo, la filtración de documentos robados del apartamento papal, que derivó en la detención del asistente personal del Papa, Paolo Gabriele, que sería condenado y posteriormente indultado. A raíz de este hecho, Benedicto XVI decidió abrir una comisión de investigación, paralela a la judicial, para conocer toda la verdad y cuyas conclusiones le fueron presentadas tres días antes de abandonar la sede de Pedro. Un caso que tiene más que ver con corruptelas y luchas de poder dentro de la curia y que el nuevo pontífice tendrá que afrontar, una vez lea las citadas conclusiones.

Quizás son los abusos y la corrupción los acontecimientos que más han afectado al propio Papa, pero han sido otros más los que ha tenido que superar, algunos como consecuencia de sus palabras. Ya antes hemos mencionado las que pronunció en Ratisbona, durante su segundo viaje a Alemania, el 12 de septiembre de 2007. Entonces, en un discurso académico sobre fe, razón y universidad, citó una polémica frase del emperador bizantino Manuel II Paleólogo sobre el islam para afirmar que la difusión de la fe a través de la violencia es irracional. La reacción del mundo musulmán no se hizo esperar y obligó a actuar al Vaticano, que no mostró excesiva habilidad. De hecho, algunos periodistas reconocen haber alertado de las consecuencias del mismo incluso antes de que fuese pronunciado. Un incidente que se cerró con la visita de Benedicto XVI a Turquía, con la imagen de un Papa rezando en la mezquita Azul de Estambul. Poco después, el Papa que había sido repudiado por el mundo musulmán recibía dos cartas de más de cien personalidades musulmanas apostando por una «mutua comprensión».

Pero los problemas no se ciñeron al mundo islámico, también entre los judíos pesó la decisión de Benedicto XVI de levantar la excomunión a los obispos fieles a Marcel Lefebvre, de la Fraternidad Sacerdotal San Pío X, sobre todo, a raíz de que uno de ellos, Richard Williamson, sostuviese en una entrevista tesis negacionistas con respecto al Holocausto judío. Un malestar que ya venían mostrando algunos sectores de la Iglesia católica en torno a la aprobación del motu proprio *Sumorum Pontificum*, que recordó que «es lícito celebrar el Sacrificio de la Misa» según el modo conocido como «tridentino», indicando que dicho modo «no se ha abrogado nunca». Este malestar también alcanzó a la Iglesia anglicana después de que el Vaticano publicase la constitución *Anglicanorum Coetibus*, porque se invitaba a volver a la Iglesia católica a los anglicanos que quisiesen retornar, incluidos los sacerdotes casados. Decisiones cuyo objetivo era la unidad de los cristianos pero cuya gestión no fue la mejor.

Otras polémicas no menos relevantes fueron la respuesta de Benedicto XVI a una pregunta sobre el preservativo en el avión camino a Camerún y Angola, o los nombramientos, que nunca llegarían a concretarse por distintos motivos, de Wojciech Wielgus como arzobispo de Varsovia y Gerhard Wagner como obispo auxiliar de Linz (Austria). También la reacción crítica, sobre todo desde sectores neoliberales, a la encíclica *Caritas in Veritate*, en la que se denuncia el capitalismo salvaje que pasa por encima de la persona; o la visita fallida a la Universidad de La Sapienza en Roma.

En definitiva, estamos ante un pontificado que no ha dejado indiferente ni a creyentes ni a no creyentes. Su despedida ha sido elocuente. Ahora, retirado y escondido para el mundo, se prepara para la última etapa de su peregrinación. La historia hablará de él como un importante reformador.

6

LA NUEVA GEOGRAFÍA DE LA IGLESIA CATÓLICA

El mapa que se presenta al papa Francisco es completamente distinto al que encontraron sus dos últimos sucesores. Hoy la Iglesia, pese a seguir pensando, legislando, celebrando y hablando en lenguaje europeo, sin embargo, es cada vez menos europea. Tanto en lo que se refiere a la extensión geográfica como a al perfil humano de sus fieles y seguidores, ha cambiado de forma significativa hasta el punto de ser una de las cuestiones que han estado presentes en el último cónclave. Es importante conocer el territorio en el que la Iglesia va a tener que trabajar en los próximos años. Ayudará, sin duda, a conocer aún más las prioridades en la hoja de ruta que se marque el nuevo sucesor de Pedro. En esta hoja de ruta, Europa se queda pequeña. El mundo es mucho más amplio.

LOS NÚMEROS HABLAN

Nos atenemos para esta radiografía a los datos facilitados por del centro estadounidense The Pew Forum, realizado en 2012. Según este estudio, en el mundo hay en estos momentos más de 1.700 millones de cristianos bautizados. Los hombres y mujeres que profesan la fe musulmana son 1.100 millones. Le siguen los 800 millones de hindúes y los 350 millones de budistas. Los judíos tan solo representan numéricamente

14 millones, 10 millones los mormones y 6 millones los testigos de Jehová.

Hace cincuenta años Francia, Alemania e Italia eran los países con más católicos del mundo, mientras que hoy en día han sido desplazados por Brasil, México y Filipinas. Los cuatro países con mayor número de musulmanes son Indonesia, Pakistán, Bangladés e India. El 98 % de los budistas vive en Asia y los católicos indios son los más comprometidos. El cristianismo sigue siendo la primera religión mundial. La buena implantación del cristianismo en regiones de alta natalidad como África y América Latina compensa su declive en Europa.

Los cambios en el mapa del cristianismo son espectaculares. En 1939, los tres principales países católicos del mundo eran Francia, Italia y Alemania (que se había anexionado Austria). Hoy son Brasil, México y Filipinas. El primer país protestante del mundo es Estados Unidos, y el segundo es ahora Nigeria, en igualdad con Alemania e Inglaterra. Y la mayoría de los anglicanos son negros de África, de América o de Oceanía.

El islam está también convirtiéndose en una religión mundial. Con 1.100 millones de creyentes, la segunda religión del mundo es relativamente estable. En contra de una opinión extendida, sus efectivos no aumentan más rápidamente que los del cristianismo. Pero el islam es cada vez menos árabe y de Oriente Medio. Más de la mitad de los musulmanes viven al este del Índico. Los cuatro países del mundo con más musulmanes son Indonesia, Pakistán, Bangladés e India: cuatro naciones que afrontan graves tensiones sociales y étnicas. El subcontinente indio tiene la particularidad de contar con 400 millones de musulmanes y 800 millones de hindúes.

El hinduismo es la tercera religión mundial y una de las pocas que experimentan una gran estabilidad geográfica: el 95 % de los hindúes vive en India. El budismo conserva la misma concentración geográfica: el 98 % de los budistas vive en Asia. Contra lo que habitualmente se cree, el budismo ha retrocedido en términos relativos en el último siglo. Como la ortodoxia en Europa, el budismo ha debido sufrir en China e Indochina la persecución del marxismo ateo. El budismo tibetano, muy minoritario, está bastante alejado de las dos principales escuelas, que se reparten a medias los 350 millones de budistas del planeta.

La persecución nazi redujo terriblemente los efectivos del judaísmo: los 14 millones de judíos (más o menos la misma cifra que hace un siglo) no son apenas más numerosos que los 10 millones de mormones y los 6 millones de testigos de Jehová o que la fe bahá'í. Las «nuevas religiones», aparecidas desde la revolución industrial del siglo XIX, no cesan de progresar y agrupan hoy 150 millones de fieles.

En el seno del protestantismo, las principales Iglesias, luteranas y calvinistas, son hoy minoritarias respecto a las Iglesias disidentes, surgidas del anglicanismo, como los metodistas, de los reformadores radicales, tales como los baptistas, o del baptismo reformado, como el pentecostalismo. Creado en 1906, el pentecostalismo puede contar, según estimaciones imprecisas, con entre 100 y 300 millones de fieles, es decir, casi tantos como todas las otras confesiones protestantes juntas. Ya en la actualidad, las diversas Iglesias disidentes representan entre el 10 y el 15 % de los cristianos de América Latina, subcontinente antes cerrado a la Reforma. Estas nuevas Iglesias, a menudo fundamentalistas, conservadoras y proselitistas, trastocan la sensibilidad protestante, tradicionalmente abierta a la exégesis crítica, al pluralismo doctrinal y a la sociedad laica, y plantean el problema de la representatividad de las instituciones protestantes, ligadas a Iglesias en declive numérico.

Por otra parte, la pertenencia a una religión no implica siempre la fe, ni la práctica: los 14 millones de católicos indios, practicantes en un 80 %, van en mayor número a misa todos los domingos que los 45 millones de católicos franceses, de los cuales nueve de cada diez solo frecuentan ocasionalmente la iglesia.

La situación interna de la Iglesia católica señala que globalmente existen 2.915 iglesias particulares, 4.875 obispos, 406.411 presbíteros, 30.097 diáconos permanentes, 782.932 religiosas, 2.767.541 catequistas laicos y 143.745 misioneros laicos. Por continentes, América alberga más de la mitad del número total de católicos con el 62,36 %; Asia es el continente con el menor porcentaje: solo el 2,82 % de la población. El número está en retroceso en Europa, con el 39,17 %, mientras que África y Oceanía parecen aumentar (16,45 % y 25,56 % respectivamente).

UN NUEVO MAPA SE EXTIENDE EN EL FUTURO

Algo está claro para el nuevo sucesor de Pedro. Europa es importante, pero Europa no lo es todo. Se abren nuevos horizontes, se ensanchan los márgenes y se hace necesaria una nueva presencia en lugares donde se convive con otras religiones y con otras culturas. Hacerlo desde el diálogo y no desde la imposición es una tarea fundamental.

Los católicos han cambiado de hemisferio y de color. Serán cada vez menos blancos, menos europeos y más africanos, brasileños, mexicanos, filipinos, indios y quién sabe si chinos también. El derecho, la teología, la moral, el arte y la liturgia irán dejando de ser europeas para ser cada vez más asiáticas, africanas, latinoamericanas. El sueño de los viejos misioneros se ha hecho realidad. Hoy la Iglesia es más católica, en su significado de universal. El último consistorio de creación de nuevos cardenales, convocado por Benedicto XVI, cuando ya tenía decidido renunciar, ha sido una muestra, un gesto, un guiño, a esa universalidad que la Iglesia ha de defender con mayor ahínco en el futuro. De los nuevos cardenales, ninguno era europeo. Como sucede con la cartografía económica, también en la Iglesia católica hay países emergentes. En poco más de un cuarto de siglo, durante el pontificado de Juan Pablo II, desde 1978 hasta 2005, la población católica en el mundo aumentó un 45 %, la mayoría fuera de Europa, pasando de 757 millones en 1978, a 1.098 millones en 2004, según estadísticas oficiales del Vaticano, teniendo en cuenta el criterio de bautizados, según los datos que se envían de cada país y sin entrar en otras consideraciones sobre la práctica religiosa en sí. Es cierto que este crecimiento se debe más al aumento general de población que a la dinámica misionera de la Iglesia, en cuanto a datos objetivos se refiere. En el mismo periodo la población mundial pasó de 4.200 millones a 6.400 millones. De modo que el crecimiento de católicos se enmarca en el crecimiento general de la población mundial.

En África, la población católica se multiplicó por tres e incluso en Asia, aunque en un nivel menor (3 %) que en el continente americano. Sumando América del Norte y América del Sur, la población católica suponía un 62 % de la población. En Europa, no obstante era solo el 40 % de la población mundial, 280 millones de católicos. Toda una paradoja de un cristianismo muy europeo, gobernado por leyes europeas, pensado por teólogos europeos, si bien es verdad que con participación de norteamericanos, con santos europeos y con ritos y celebraciones europeas. Mientras la Iglesia pierde fieles en el Viejo Continente, los gana en la periferia. El futuro de la Iglesia católica está, sin duda, en el Tercer Mundo (al que ya se llama el Tercer Cristianismo), dominado por una pluralidad de colores, razas y culturas, con predilección por prácticas religiosas espectaculares, emotivas, con cierta tendencia al sincretismo, algo que sigue preocupando en Roma. El perfil del cristiano del futuro será latino o africano, y supondrá una devoción popular, un mayor acento en la Iglesia carismática, algunos desafíos a la disciplina eclesiástica europea —como el celibato obligatorio de los sacerdotes o la ordenación de mujeres—, así como poca contestación doctrinal y una vivencia de la fe más emotiva que racional. Los números hablan por sí solos. La influencia de las Iglesias protestantes, así como de las numerosas sectas que tienen en ellas su raíz, en estos lugares plantea nuevos retos a la Iglesia. Paralelamente han crecido en Roma las prevenciones hacia los teólogos asiáticos, africanos o latinoamericanos, que suelen discrepar con las indicaciones doctrinales que llegan de Roma, porque, según ellos, estas ignoran las nuevas realidades de los países emergentes, que serán quienes gobiernen la Iglesia del futuro.

ASIA, VIEJOS SUEÑOS QUE SE VAN HACIENDO REALIDAD

Asia es el continente dormido. Su emergencia es cada vez mayor en el mundo político y económico global. El cristianismo es residual. Levantar una cruz entre tanta pagoda y templo budista es un sueño que ya Juan Pablo II había tenido de cara al nuevo milenio. Cuenta la tradición que fue Tomás, uno de los apóstoles, el primero que llegó a tierras del continente asiático a predicar el Evangelio. Después llegaron los misioneros, principalmente españoles, portugueses y franceses; después otras confesiones cristianas, principalmente la anglicana y algunas iglesias de la Reforma, acompañando a conquistadores occidentales. El cristianismo en Asia está asociado a lo «extranjero». Es una premisa que no se puede olvidar, como el budismo, en Occidente, está asociado a Asia. Es un mundo distinto, lejano, plagado de ritos, pensamientos, modos de vida distintos, así como un sentido del tiempo, del espacio, y de la trascendencia y el más allá, muy diferente. Las sucesivas conquistas de Asia iban acompañadas de actividа-

des misioneras de las confesiones de cada uno de los conquistadores. Pese a todo, las realidades católicas en el continente
asiático, excepto Filipinas y Vietnam, no dejan de ser «islas»
en un mundo donde predominan las viejas religiones como el
hinduismo, el budismo, el taoísmo o el confucionismo. En
todo el continente, tan solo el 3 % de la población es católica, 120 millones. Bien es verdad que la mayor concentración
está en Filipinas, donde el 85 % es católico, y en Vietnam,
donde el 8 % es católico, en ambos casos como resultado de
las colonizaciones española y francesa respectivamente.

El reto actual de Roma es China, donde viven de 10 a
12 millones de católicos, si bien divididos entre la Iglesia oficial, auspiciada por el régimen comunista, y la Iglesia clan-
destina, fiel a Roma. La primera tiene 145 diócesis y la segunda 85. Cada vez que un obispo es acogido por el Vaticano,
toda la comunidad le sigue, aumentando el número de fieles.
En los últimos años, tras una intensa actividad diplomática
por ambas partes, se va retomando el diálogo, se van abriendo puertas, y hoy por hoy China es un gran reto para la Iglesia católica, que cada vez es más reconocida en los ambientes
juveniles, culturales e intelectuales de este gran gigante dormido que deparará sorpresas en el futuro. Consciente de ello,
el Vaticano viene desplegando desde hace años una ingente
actividad diplomática destinada a lograr una mayor libertad
religiosa y una implantación suave y discreta, pero significativa. El trabajo de muchos misioneros enviados en los últimos
cincuenta años a la clandestinidad, está dando sus frutos.

La India, en el continente asiático, es una pequeña excep-
ción. El 2 % de la población es católica. Esta minoría, bien
acogida por Roma en aspectos relacionados con la liturgia
y los recursos ascéticos, tiene una presencia particular en
los campos de la educación y de la salud. El testimonio de las
Misioneras de la Caridad, fundadas por la Madre Teresa de
Calcuta, ha sido crucial para el lento desarrollo de muchas

comunidades, el aumento de vocaciones religiosas y una cada vez mayor implantación en lugares situados más al sur.

Uno de los retos que se le plantean al nuevo Papa es el de facilitar el diálogo con grandes pensadores y teólogos que han trabajado de forma fiel y perspicaz por un acercamiento de formas y pensamientos a Roma. Hay quien piensa que ha llegado la hora de ir haciendo una teología más asiática, más cercana a los grandes problemas de la humanidad. Paralelamente, estas religiones asiáticas van calando en el Occidente europeo. La Iglesia, temerosa del sincretismo, suele rechazarlas aduciendo su pensamiento teológico. El diálogo y la apertura de visiones se hacen cada vez más necesarios.

ÁFRICA, ENTRE EL DOLOR Y EL FUTURO

Cualquier europeo que acuda a una parroquia urbana o rural del continente africano, quedará sorprendido del estilo de las celebraciones litúrgicas. Coros cantando, danzas, atavíos de colores, niños, muchos niños, mujeres y jóvenes. Gritos, risas, palmas, largas colas de niños y adultos para recibir el bautismo. La llegada del misionero a una comunidad, en muchas ocasiones presidida por catequistas laicos, es una auténtica fiesta. Y todo ello en medio de una inmensa pobreza, en situaciones de hambre y miseria realmente dolorosas. No deja de ser curioso que uno de los continentes a los que la fe cristiana llegó por primera vez a través del Mediterráneo, en el norte de África, sea hoy el continente más joven para la Iglesia, y a la vez una gran esperanza. Las florecientes comunidades de Cartago quedarían gratamente sorprendidas. De los 800 millones de habitantes, 360 millones son católicos y solo en 2005 aumentaron de forma considerable hasta alcanzar los 400 millones. Hay que recordar la labor misionera de Portugal, un país de navegantes que enviaron misioneros al continente, así como los esfuerzos de Propaganda Fidei y otras instituciones vaticanas que han mantenido siempre en África una esperanza realmente asombrosa, a fuerza de paciencia y trabajo, junto con muchos misioneros y misioneras procedentes de Europa y especialmente de España, así como de muchas congregaciones religiosas que en el continente negro han desarrollado una gran actividad. Uno de cada siete africanos es católico. El catolicismo crece en el continente más pobre del planeta. El clero es cada vez menos europeo y el aumento de fieles se debe al abandono de religiones más tradicionales y tribales, ligadas a las fuerzas de la naturaleza, y la incorporación a la Iglesia de muchos africanos que valoran el trabajo en la cultura, la educación, la sanidad, la promoción de la mujer y el trabajo de los laicos en muchos lugares como catequistas y agentes de pastoral. En África el laicado ha tomado carta de naturaleza. La inculturación es cada vez mayor y el reto está aún pendiente. La Iglesia africana tiene sobre la mesa el documento del Sínodo de Obispos y las palabras de aliento de Benedicto XVI en su viaje a Camerún y Angola en 2009.

Quedan problemas pendientes. El uso del preservativo para evitar el sida, una plaga que diezma la población, la elaboración de una teología que tenga en cuenta el perfil antropológico del africano, un cambio en la liturgia, incorporando nuevos ritos, y un esfuerzo en el diálogo con el islam, presente en algunos países. Esto, junto al desafío para evitar la persecución religiosa de minorías cristianas, está en la agenda del nuevo pontífice. Para la Iglesia, África es el continente de la esperanza. Lo ha marcado en la exhortación apostólica de Juan Pablo II *Ecclesia in Africa* y en todo su magisterio último. En medio de un continente que sufre, que asiste a una mortalidad infantil alarmante, que ve devastados los campos por la sequía, que ve talar sus selvas y robar sus riquezas, que es un campo de entrenamiento de la guerra armada, la Iglesia aporta la esperanza del Evangelio. Es uno de los lugares que renovarán la Iglesia desde dentro. Solo hace falta escuchar y no domeñar. Un talante distinto en la práctica y no solo en los documentos.

AMÉRICA LATINA, PROFECÍA Y CONSERVADURISMO

La mitad de los católicos del mundo está en América Latina. Esta realidad es innegable por mucho que avancen algunas sectas de ramificaciones protestantes. Lo avalan la historia, desde la evangelización realizada a finales del siglo XV, las instituciones eclesiásticas, la cultura, el pensamiento, la jerarquía, las comunidades de base. El español es la lengua mayoritaria y el portugués no le va a la zaga. Brasil está a la cabeza en el mundo de fieles católicos, con un total de 85 % de la población. Le siguen México, Colombia, Argentina y Perú. La fe de los latinos es popular, emotiva, devocional. El Evangelio está presente en la vida cotidiana. La pujanza de la Teología de la Liberación, frenada en la década de 1980 por Roma, en una decidida intervención de Juan Pablo II y de Ratzinger, ha sido, pese a las controversias, una manera de estar con las causas de los más pobres del planeta. Las asambleas del CELAM, especialmente las llamadas «correctoras», celebradas en Puebla y Aparecida, han dado con el término, no del gusto de todos, de «conversión pastoral», y han conducido a una tercera vía de la labor de la Iglesia que pasa por la superación de esquemas de la Teología de la Liberación, una superación que para algunos ya es un hecho, y por una mayor presencia en Roma del mundo latinoamericano. En los últimos años de Juan Pablo II fue una presencia monopolizada por algunos cardenales colombianos conservadores. En la actualidad el peso es menor, pero más significativo. No obstante, aún permanece en el episcopado latinoamericano la sensación de no ser comprendido en las instancias curiales vaticanas.

Quedan para el nuevo pontífice varios retos urgentes en un continente que tiene la fuerza numérica y busca un mayor protagonismo. Se espera un fortalecimiento de los episcopados latinoamericanos que se congregan en el CELAM, con una mayor voz. Se espera igualmente una teología menos europea y más centrada en los países donde la Iglesia está presente; una teología que vaya más allá de los conflictos políticos de la época de las décadas de 1960 y 1970. Urge un posicionamiento de la Iglesia en la deriva economicista de muchos gobiernos, preocupa la violencia y el narcotráfico, así como el debilitamiento de las economías en manos de poderes extranjeros. Asimismo, la Iglesia no es ajena a la labor del ecologismo, a la promoción de la justicia y a la apuesta por las comunidades indígenas. El avance de las sectas es preocupante en la medida en que se debe a la falta de conocimiento y formación en temas bíblicos, y se echa de menos una catequesis que armonice la teología con la liturgia, así como el compromiso con los pobres.

Hay algo que la Iglesia tiene claro con respecto a los países latinos y esa es su fuerza: la cultura cristiana pervive en muchas manifestaciones, mientras que en Europa retrocede. En América Latina los templos están llenos mientras que en Europa se vacían, los jóvenes asisten cada vez más a grupos apostólicos mientras que en Europa las parroquias están llenas de niños y jubilados. Los temas morales en el continente americano son tratados de forma distinta a Europa, con un toque más relativista. Más preocupados allí en llenar el estómago que en cuestiones sexuales, las comunidades cristianas siguen siendo adalides de la defensa de los derechos humanos de los niños, de las mujeres, de los homosexuales, de los indígenas. Una Iglesia con grandes masas de niños y jóvenes, con un gran número de mártires, de misioneros y misioneras; una

Iglesia que sigue siendo considerada como instancia ética y refugio de menesterosos y una Iglesia que ha apostado por la conversión pastoral. La mirada latinoamericana del nuevo Papa, que tiene en América Latina un reto de futuro, determinará de forma decisiva adónde conducirá la idea que nació en el santuario brasileño de Aparecida.

AMÉRICA DEL NORTE Y EL AUMENTO DE HISPANOS

La historia de los norteamericanos ha demostrado que son muy creyentes. *In God we trust* reza el juramento del presidente del país más poderoso de la Tierra. Creyentes, primero ligados a la Reforma luterana o calvinista, después a otras religiones, especialmente la judía que desembarcó tras el genocidio nazi. En las décadas de 1940 y 1950 una inmensa variedad de religiones se daba cita en un país que les hacía vivir un sueño, el sueño americano. Los católicos que iban llegando también ocupaban su lugar. Hoy, ya no son los pobres inmigrantes que llegaban de Irlanda con la maleta y un sacerdote acompañándolos, que vivían en las zonas más pobres y ocupaban puestos de trabajo inferiores en un mundo dominado por el protestantismo y por una economía en ascenso. El sueño americano no parecía ser para los católicos. Con la llegada de Kennedy a la Casa Blanca cambió el papel de los católicos en el país más poderoso de la Tierra en la segunda mitad del siglo pasado. Desde entonces, ya hay católicos entre grandes políticos, consejeros de empresas, consejos de administración, universidades, banqueros, novelistas, artistas, agentes de la sanidad o de la educación. El católico en Estados Unidos tiene voz en ámbitos en los que antes se le negaba. Es más, hoy los católicos norteamericanos ocupan el tercer lugar de las estadísticas, después de Brasil y de México. De los 300 millones que tiene el país, 69 millones de norteamericanos son católicos. Hoy, para muchos es un orgullo ser católico, si bien es verdad que los casos de pedofilia en las filas del clero en los últimos veinte años han mermado la credibilidad hasta cotas preocupantes, dejando un rastro de indiferencia y abandono que tardará tiempo en superarse.

Uno de los factores que más han ayudado al crecimiento del número de católicos ha sido la masiva llegada de inmigrantes latinos desde el sur. La población hispana ha hecho que en muchos lugares de aquel floreciente país se hable a Dios en español y cada vez es más pujante su intervención en muchos asuntos, tanto en la economía como en la política. Hasta hace poco el voto hispano y católico preocupaba a los aspirantes a la Casa Blanca. Fue Ronald Reagan quien acuñó el término «internacional espiritual» para aludir a la creación de una fuerza de religiones, contando especialmente con los católicos conservadores, que permitiera frenar el laicismo creciente: en una sociedad tan adelantada y tan científica se iba desalojando a Dios de la vida y se relativizaban muchos de los valores morales. Los republicanos se alineaban con los católicos conservadores, mientras que los demócratas lo hacían con los progresistas. La religiosidad de los presidentes estadounidenses ha ayudado a esta efervescencia de lo religioso en muchos ámbitos de la vida norteamericana. Con un episcopado fuertemente conservador, la Iglesia a veces se ha visto metida en la arena política por defender posturas más cercanas a los republicanos protestantes que a los demócratas católicos. Temas como la obediencia a Roma, la moral sexual, el matrimonio entre homosexuales, el papel de la mujer hoy y de los laicos, han supuesto fuertes enfrentamientos entre obispos y fieles. Esta postura del episcopado norteamericano solía enturbiar las relaciones diplomáticas entre el Vaticano y la Casa Blanca. En alguna ocasión Roma tuvo que recomendar a los prelados una mayor delicadeza y serenidad en sus declaraciones.

Estados Unidos es hoy un lugar de desafío para la Iglesia, en cuyo seno crece la contestación por parte de muchos fieles y de colectivos laicales, religiosos y sociales, pero también para la geopolítica de la misma Iglesia. Veamos el caso de Obama. A los pocos días de la elección del presidente de Estados Unidos, en noviembre de 2008, un cardenal europeo le decía a otro yanqui: «Habéis elegido a uno de los presidentes más seculares de la historia de Estados Unidos». Sin embargo, como se ha visto, Obama no es enemigo pero tampoco es aliado. En las últimas elecciones ha demostrado que se puede ser presidente con el voto de los católicos y sin el apoyo de los obispos. La muestra evidente de la fractura existente entre obispos y fieles en una Iglesia que ha sufrido y que acusa a los obispos de ser parte del descrédito por su silencio cómplice en los casos de pederastia y por la gestión de algunos asuntos económicos turbios. El programa electoral de Obama coincidía en muchos aspectos con las posturas de un amplio sector de católicos en materias como la guerra, la moral sexual, el matrimonio entre personas del mismo sexo, el aborto y otros temas. Nadie sabe si Obama actúa por pragmatismo o por ideología. El estadounidense es más pragmático que ideólogo y, a veces, la diplomacia vaticana actúa igual. La política es el arte de lo posible. Aunque la fe de Barack Obama para muchos sea un misterio, y lo hayan acusado de neomarxista, o de criptoislámico por haber estudiado unos años en una escuela musulmana de Indonesia, lo cierto es que, merced a algunos oficios diplomáticos, Obama pudo encontrarse con Benedicto XVI, tras una reunión de G-8 en L'Aquila. Ambos se comprometieron a trabajar por el bien común, por la paz, el progreso y la defensa de la justicia. No está mal que los dos grandes poderosos, uno en el ámbito político y otro en el espiritual, converjan en este deseo. A cambio, Obama pidió prudencia y colaboración a los obispos norteamericanos y a la Iglesia, y alabó la gran ayuda a los pobres y marginados. El Vaticano pidió a cambio de ese apoyo una mayor ayuda para defender a los muchos cristianos perseguidos en Oriente Medio.

Pero al papa Francisco aún le queda pendiente la fractura en las diócesis norteamericanas, hartas del silencio ante la pederastia, que necesitan que Roma escuche sus deseos y puntos de vista. Piden una Iglesia que no se niegue al diálogo con el mundo contemporáneo y con los grandes temas que hoy le plantean al hombre. Para otros el peligro es el llamado «síndrome Zapatero», un legislador que pretenda aniquilar lo religioso por decreto. Obama es el candidato de los católicos y no el de los obispos. He aquí un paradigma de la situación de la Iglesia en Estados Unidos y que se abre como reto al nuevo Papa, restaurar aquellas iglesias, dañadas por la pederastia, a fuerza de diálogo, entendimiento y de pedir perdón.

EUROPA Y SUS RAÍCES CRISTIANAS

Y en este panorama muchos se preguntan qué papel desempeña Europa, el viejo continente evangelizador que tantos mártires, apóstoles y santos ha dado a la historia, el continente en el que se sitúa el Vaticano. La teología, el pensamiento, el derecho y la liturgia son europeos, mientras que el número de católicos es menor que en otros lugares. El proyecto de Europa es uno de los proyectos que está en construcción. Propuesto tras la Segunda Guerra Mundial, el proyecto europeo tuvo en el Tratado de Roma un importante punto de partida. Pasados cincuenta años, con las sucesivas crisis y la aparición de la Unión Europea, que ha aglutinado a los países de la antigua órbita soviética, Europa ha tenido que repensarse. La crisis política y económica hace pensar que el resultado de la crisis será una Europa distinta, construida sobre la diversidad que han traído consigo los flujos migratorios y una política monetaria común que ha creado nuevas bolsas de pobreza. La voluntad de pensar Europa ha ocupado el discurso de Benedicto XVI de forma singular. Podemos advertirlo si atendemos a sus intervenciones y discursos, como ya ocurrió con Juan Pablo II, quien en Santiago de Compostela, durante su viaje apostólico a España en 1982, lanzó una invitación: «Europa, vieja Europa, sé tú misma…». Una invitación a no olvidar las raíces cristianas.

Y es que en la estampa europea se advierten importantes rasgos que mueven a la preocupación. El número de fieles se reduce de forma alarmante, en algunos países como Austria y Alemania la contestación interna es habitual y crecen los movimientos alternativos pidiendo una Iglesia distinta a la actual. Los casos de pederastia han ocasionado abandonos en esos mismos países. Muchos templos están cerrados y pasan a ser centros culturales. La asistencia a misa dominical decrece y las edades medias de los feligreses suben de forma alarmante. Hay una generación intermedia que no quiere saber nada de la Iglesia, de sus costumbres ni de sus leyes. Algunos son creyentes sociológicos, pero viven al margen de la doctrina del magisterio eclesial, sobre todo en temas relacionados con la moral. Un cristianismo de doble vía, una vivencia de la fe personal. Se asiste a un divorcio entre la Iglesia real y la Iglesia oficial.

Una palabra empezó a deslizarse en los discursos del magisterio pontificio. Fue la palabra «apostasía». Ya en 1999 durante el sínodo de obispos se reconocía que asistíamos a una especie de «apostasía». En 2007, Benedicto XVI, con motivo de un coloquio de la Comisión de Episcopados de Europa, utilizó el término «apostasía» para referirse a la ruptura de Europa con sus raíces cristianas, con su patrimonio de fe. Para Ratzinger, Europa debería ocuparse antes de su crisis espiritual que de su crisis económica. Este ha sido un discurso repetido en estos últimos años por el episcopado europeo a la hora de abordar los aspectos más delicados de la crisis económica que recorre el planeta. Europa está perdida por haber perdido sus raíces espirituales.

Ya en los primeros años del siglo XXI, con motivo de la elaboración del borrador del proyecto de un nuevo Tratado de Europa, la Iglesia tuvo un papel muy activo para que en el preámbulo apareciera la referencia a las raíces cristianas del Viejo Continente. Fue una lucha sin cuartel en la que desplegó una ingente batería diplomática. Se alinearon con el Vaticano los países más conservadores y de mayor tradición cristiana, no así España ni Francia. Al final, tras no poca polémica, apareció un reconocimiento a «la herencia religiosa, humanista y cultural» sin más alusiones al cristianismo. La secularización ha triunfado en el Viejo Continente. La preocupación en el Vaticano era evidente. Los europeos tenían muchas herencias que liquidar y borrar de cara al futuro. Una de ellas eran las guerras de religión que desde el siglo XVI abonaron el terreno. Las otras fueron las luchas revolucionarias y la herencia marxista. El nuevo tratado debía acabar con esas herencias, según ellos, desastrosas. La secularización de Europa ha sido fruto de estas tres herencias ahora ya saldadas. Hoy la identidad de cada país depende del tipo de relaciones que en cada lugar se establezcan y según quienes sean los gobernantes de turno. No obstante, país por país, las encuestas muestran una descristianización cada vez mayor que se agrava conforme decrece la creencia en Dios, las prácticas regulares en las iglesias y la poca importancia que se da a la religión en la vida cotidiana del ciudadano.

Como respuesta a esta situación se han hecho muchos esfuerzos. Uno de ellos responde a la labor de la Santa Sede y del Vaticano en el concierto de los pueblos. Esta labor se va redimensionando para actuar más sobre los grandes temas que sobre los territorios. Hay que conseguir presencia de una forma nueva y distinta. Antes se hacía a través de las legaciones diplomáticas, pero hoy hay que redimensionar la actuación con una presencia más testimonial e influyente. Se trata de concebir una nueva forma de estar y gobernar. El papel de las conferencias episcopales es mayor y cada vez se huye más de la *sucursalización*. En cada país se conoce mejor el contexto, se negocia mejor, se hacen las cosas de forma distinta. El poder central de Roma pierde peso. En muchos episcopados se ha producido una auténtica tortícolis de tanto mirar a Roma. Mientras tanto, el ciudadano europeo va perdiendo referencias religiosas en las festividades, en el contenido de los proyectos educativos y en todo lo relacionado con la historia. Desde el punto de vista del Vaticano, existe en Europa un deseo de borrar a Dios del escenario. Para muchos gobernantes ha llegado la hora de gobernar sin tener que escuchar antes a los obispos. La vía intermedia en cada país es el reto del nuevo pontífice, apoyando un laicismo positivo, una laicidad abierta que reconozca el pasado, deje libertad en el presente y apoye el bien común en el futuro. En este sentido son muchas y variadas las tomas de postura favorables a la gran labor que la Iglesia hace en los países europeos para paliar los efectos de la crisis económica con proyectos de ayuda a los más pobres que cada día encuentran consuelo y alimentos en las instituciones eclesiásticas. Es esta actividad de la Iglesia la que ha frenado en muchos lugares, como España, el laicismo agresivo al que Benedicto XVI se ha referido frecuentemente.

El debate europeo sobre el lugar de la Iglesia en la sociedad se ha convertido en algo explosivo. Un prelado español, refiriéndose a la Iglesia y al gobierno socialista en España, señalaba algo que bien podría aplicarse al resto de Europa: «Estamos en una sociedad que no nos persigue. Hablar de persecución religiosa hoy no es de recibo, pero también es verdad que tenemos el sentimiento de que no nos quieren». A los católicos, cuando exponen sus puntos de vista, se les acusa de querer imponer su visión y de oponerse a los avances de las sociedades democráticas. Crece el nerviosismo, apoyado por las terminales mediáticas y una guerra larvada impide el diálogo por ambas partes. Cuando se oyen las balas, las negociaciones son imposibles. Europa ha perdido su nervio desde que ha olvidado sus raíces. Esta es la impresión que hay en el Vaticano sobre el Viejo Continente. Y una pregunta queda en el aire. Es la que formuló Bernard Lecomte, quien fuera jefe del servicio exterior de *La Croix:* «¿Será Benedicto XVI el último Papa europeo?», según el título de su obra *Benedetto XVI: l'ultimo Papa europeo* (2007).

LA TRAGEDIA DE LOS CATÓLICOS EN ORIENTE

Se estima que en Oriente Próximo hay entre 10 y 15 millones de cristianos entre católicos y otros fieles de confesiones cristianas. Este espacio geográfico, cuna del cristianismo y lugar de encuentro de las tres grandes religiones del libro, cristianos, judíos y musulmanes, vive en una continua agitación. La persecución de los cristianos en estos lugares es noticia común cada día: desde los inicios del cristianismo se han vivido allí tensiones religiosas, como indican los cismas y sus consecuencias en los primeros años de la era cristiana. Como vestigios de aquellas turbulencias que iban más allá de lo doctrinal ha quedado un cristianismo fragmentado, convulso y en continua agitación. Las iglesias ortodoxas, los católicos maronitas, los coptos católicos, los armenios, sirios, melquitas, caldeos, conforman un panorama religioso inquietante, en medio de persecuciones que proceden del fundamentalismo islámico, fuerte en aquellos países. En Turquía, país aspirante a ser miembro de Europa, es un botón de muestra. Pese a los esfuerzos por atemperar las luchas, los cristianos frecuentemente piden políticas más abiertas y respetuosas como la restauración de iglesias o la autorización de culto público.

Sin embargo el genocidio armenio, la laicización y la islami-
zación han disminuido drásticamente la presencia cristiana
en el país, que se ha reducido a un 0,1 %. Los asesinatos de
sacerdotes y pastores han ido poniendo en evidencia las dificultades de este país emblemático, puerta entre Europa y
Oriente.

EL VIAJE A BERLÍN Y EL SÍNODO DE LA NUEVA EVANGELIZACIÓN MARCAN AGENDA

El 16 de abril de 2012, al cumplir Benedicto XVI ochenta y
cinco años, recibió a un grupo de alemanes que habían acu-
dido a felicitarlo. Había vuelto de México y Cuba, celebrado
la Semana Santa y, según se ha sabido después, ya tenía decidido presentar su renuncia, retrasada a febrero del año siguiente por diversos motivos, entre ellos, los escándalos en el
entorno de los muros vaticanos. A la calurosa y emotiva felicitación con que lo recibieron («Zum Geburtstag viel Glück!»),
Ratzinger respondió con una escueta y clara frase: «No sé lo
que me espera, pero sé que existe la luz de Dios». Y todo siguió su curso. Un poco antes, en el inicio del otoño, el Papa
había visitado su país natal. Quienes acompañamos al pontífice durante aquel viaje pudimos verlo feliz y relajado, aunque con rasgos de su ancianidad ya más pronunciados. Tenía
la vista mermada por la falta de visión en un ojo. Daba la
sensación de un hombre con los deberes hechos. Se le veía caminar con pasos lentos e indecisos, pero, escuchándolo nos
parecía de una lucidez impresionante. Allí, en su país, en
aquellos discursos, esbozó, a mi juicio, el mapa por donde la
Iglesia debería caminar en el futuro. Era una especie de testamento pastoral, de hoja de ruta para la Iglesia en el futuro.

Fue un viaje *in crescendo*, desde la frialdad berlinesa hasta
el calor de Friburgo, pasando por Erfurt, la cuna de Lutero.

Su tierra natal lo recibía por tercera vez. La primera de ellas estaba en la agenda heredada. Fue en la Jornada Mundial de la Juventud en Colonia, del 18 al 21 de agosto de 2005. La segunda vez fue al año siguiente, con un significado más ligado a la geografía personal. Del 9 al 14 de septiembre de 2006, volvía a su tierra, con los suyos, junto a la tumba de sus padres, en el escenario de su infancia, juventud y primeros años de ministerio y docencia. Al Papa se lo vio feliz y contento en Múnich, capital de Baviera. «Io non sono tedesco; sono bavaro», dijo en una ocasión para subrayar su pasión por su cuna, por la luz y el color de aquellas montañas y de aquella histórica tierra. Después visitó el santuario mariano de Altötting y Ratisbona, donde años atrás surgió una de las primeras polémicas de su pontificado con motivo de un discurso sobre el islam. La tercera vez que acudía a Alemania lo hacía entre los días 22 y 25 de septiembre de 2011, tras el calor material y espiritual de la Jornada Mundial de la Juventud en Madrid a mediados de agosto. Berlín, Erfurt y Friburgo fueron las ciudades visitadas en ese otoño alemán. Dieciocho ceremonias con sus discursos respectivos, dos de los cuales, los pronunciados en el Reichstag y en la Konzerthaus de Baden-Württemberg, marcaron doctrina, estableciendo las claves de la nueva geografía que se abre al sucesor.

Como ya he indicado más arriba, considero que Benedicto XVI ya tenía decidida su renuncia en aquellos días. En mayo de ese año beatificó a su antecesor, Juan Pablo II, cuyo proceso se había abierto de forma rápida y veloz, a instancias del cardenal Ruini, a los pocos días de su elección. Acababa una etapa para Ratzinger. Muchos de los temas heredados, algunos de ellos dolorosos, ya estaban en vías de solución con medidas enérgicas. Aquellos primeros días de mayo en Roma se sentía la presencia del Papa polaco en muchos detalles, como si no hubiera un pontífice nuevo, como si el actual solo fuera una sombra de aquel. Para muchos se trataba de la otra cara de la misma moneda: Ratzinger estaba cumpliendo con lo que el antecesor dejó sin terminar, aunque mejorando el pontificado. Igualmente en ese año se había avanzado mucho en las negociaciones con los grupos disidentes del conservadurismo eclesial. Con la publicación de la instrucción *Universae Ecclesiae*, sobre los ritos de la liturgia eucarística, en concreto sobre la aplicación de las indicaciones dadas por la *Summorum Pontificum*, tendió de nuevo la mano a los lefebvristas en la búsqueda de la comunión eclesial, otra de las preocupaciones de su pontificado.

En ese mismo año, el problema de los abusos a menores por parte de algunos clérigos, se había ido encauzando mediante la promulgación de decretos contundentes y de severas normas disciplinarias en colaboración con la justicia civil, así como un seguimiento acorde con las demandas de la sociedad y los deseos de la misma Iglesia. Tolerancia cero en estos temas. El año anterior había presidido la clausura del año sacerdotal en un momento de especial dificultad. Era el momento de plantear su retirada, pero, como él indicó en alguna ocasión, en los momentos de dificultades no hay que irse; es una máxima ignaciana: en tiempos difíciles, no hay que hacer mudanzas. Y los tiempos difíciles volvieron de nuevo con el llamado Vatileaks y los muchos enredos de la curia vaticana, implicando a personas de su círculo más íntimo, como es el caso de su mayordomo, Paolo Gabriele, acusado de robar documentos personales, algunos de ellos de gran relevancia. En marzo, durante su viaje a México, unos meses después de volver de su tierra, la decisión de retirarse ya estaba tomada. Lo haría en octubre, una vez se hubiera convocado el sínodo que abordaría la tarea de la Nueva Evangelización, e inaugurado el año de la fe y el aniversario conciliar. Una manera elegante de irse dejando el campo expedito de problemas a su sucesor. Cumplía ochenta y cinco años y era la hora de seguir caminando a la búsqueda de la

luz esplendorosa que siempre buscó, peregrino de la luz.
Como su paisano Goethe dijo antes de morir, «Licht, Mehr
Licht!», luz, más luz.

UN MAPA CON CUATRO SEÑALES DESTACADAS

Pero volvamos a las claves de aquel viaje a Alemania, a los
trazos de aquel plano cuyo boceto deja al sucesor unas líneas
a tener en cuenta. Benedicto XVI llegaba a Berlín la mañana
del 22 de septiembre de 2011. Fría acogida, poca gente en el
recorrido. Visita muy institucional. Y mucha protesta. Era
previsible. La capital de la actual República Federal de Alemania lo fue antes de la *Kulturkampf* prusiana, del III Reich
y, durante decenios, una parte de su población fue educada
en el materialismo ateo. Berlín, ciudad *Gottlose* («sin Dios»).
Así se ha venido definiendo a esta urbe, una de las ciudades
más bellas de Europa. Cabía esperar las protestas. Algunas
de ellas procedían de las comunidades homosexuales. Berlín
tiene la comunidad gay más numerosa del planeta. La comunidad católica, sin embargo, es de algo menos de 400.000 de
sus 5 millones de habitantes. En el aeropuerto de Tegel le esperaba el presidente de Alemania, el democristiano Christian
Wulff, la canciller Angela Merkel, con algunos de sus ministros, y los arzobispos Rainer M. Woelki, de Berlín, y Robert
Zollitsch, de Friburgo y presidente de la Conferencia Episcopal Alemana.

A primera hora de la tarde tuvo lugar el momento más
denso de la jornada: el discurso en el reformado edificio del
Reichstag. Presencia de la mayoría de los parlamentarios, excepto de algunos exponentes de Los Verdes, del izquierdista
Die Linke y de quienes se autodefinen como *Laizisten in der
SPD* o socialdemócratas laicos. Estaba presente todo el gobierno, con la canciller a la cabeza, los máximos representan-

tes de otras instituciones del Estado y el cuerpo diplomático. El presidente del Bundestag, Norbert Lammert, subrayó
que, si bien otros líderes habían sido huéspedes de la cámara,
era la primera vez «que un Papa alemán hablaba ante un
Parlamento libremente elegido y, apenas esto fue conocido,
suscitó gran interés y atención no solo en Alemania, sino en
todas partes». También recalcó que el preámbulo de la
Constitución recuerda a los padres de la patria su deber de
«servir como miembros de una Europa libre a la paz del
mundo conscientes de nuestra responsabilidad ante Dios y
ante los hombres». De pie ante el hemiciclo, Ratzinger abordó las raíces jurídicas del Estado y de la política, «que debe
ser un compromiso por la justicia y crear así las condiciones
básicas para la paz». Recordó cómo en el periodo nazi «el
poder se separó del derecho, se enfrentó contra el derecho; se
transformó en una cuadrilla de bandidos muy bien organizada que podía amenazar al mundo entero y empujarlo al bor-
de del abismo». Para que una situación así no pueda repetirse, no basta con recurrir al mero positivismo jurídico, ya que
«en las cuestiones fundamentales del derecho, en las cuales
está en juego la dignidad del hombre y de la humanidad, el
principio de la mayoría no basta; en el proceso de formación
del derecho, una persona responsable debe buscar los criterios
de su orientación». La tradición cristiana, subrayó, «nunca ha
impuesto al Estado y a la sociedad un derecho revelado», sino
que, por el contrario, «se ha referido a la naturaleza y a la razón como verdaderas fuentes del derecho, se ha referido a la
armonía entre razón subjetiva y objetiva, una armonía que
sin embargo presupone que ambas estén fundadas en la Razón creadora de Dios». Benedicto XVI se permitió destacar
la importancia de la ecología afirmando que su valor «es hoy
indiscutible» y añadiendo que hay un factor «que tanto hoy
como ayer se ha olvidado demasiado: la ecología del hombre». Y es que «también el hombre posee una naturaleza que

debe respetar y que no puede manipular a su antojo arbitrariamente. El hombre no es solamente una libertad que él se crea por sí solo. El hombre no se crea a sí mismo. Es espíritu y voluntad, pero también naturaleza, y su voluntad es justa cuando escucha la naturaleza, la respeta y cuando se acepta como lo que es». Por fin aseguró que, «del encuentro entre la fe en el Dios de Israel, la razón filosófica de los griegos y el pensamiento jurídico de Roma nació la cultura de Europa, la íntima identidad de Europa». Quienes estábamos allí pudimos advertir la trascendencia del discurso en el que se sitúa una de las claves de futuro. Dios tiene un lugar en el corazón del mundo, en el gran espacio mundial. La libertad de conciencia, la libertad religiosa debe ser una de las más importantes aportaciones de la Iglesia al concierto de los pueblos. En el corazón democrático de un país que en esos años se estaba convirtiendo en el pulmón económico de Europa, el Papa tenía una palabra que decir; y la dijo. La sociedad tiene que abrir las ventanas a la luz de Dios: «La visión positivista del mundo es en su conjunto una parte grandiosa del conocimiento humano y de la capacidad humana». No hay que renunciar a ello, pues «la razón positivista, que se presenta de modo exclusivo, no es capaz de percibir nada más que aquello que es funcional. Se parece a los edificios de cemento armado sin ventanas, en los que logramos el clima y la luz por nosotros mismos, sin querer recibir ya ambas cosas del gran mundo de Dios». Testigo de esa necesidad de luz: la estructura del nuevo Parlamento, construido sobre las ruinas del viejo Reichstag, con una luz que entra a raudales, gracias a la formidable cúpula de cristal elaborada por Norman Foster. «Es necesario volver a abrir las ventanas, hemos de ver nuevamente la inmensidad del mundo, el cielo y la tierra». Dios tiene algo que decirle al hombre hoy.

Y son las religiones las que llevan el mensaje de Dios. El Papa se ha convertido en una especie de *carrefour* de quienes creen en la trascendencia como algo positivo para el desarrollo de los pueblos. Hace falta un diálogo entre las diversas religiones, un diálogo que haga posible que esa trascendencia tenga un lugar destacado en el corazón del mundo de hoy. La religión es una propuesta conjunta. Y no es solo el cristianismo el que hace una propuesta trascendente. Reunido con representantes del mundo judío les dijo: «Hoy me encuentro en un lugar central de la memoria, de una espantosa memoria: desde aquí se programó y organizó la Shoah, la eliminación de los ciudadanos judíos en Europa [...]. Las horribles imágenes de los campos de concentración al final de la guerra mostraron de lo que puede ser capaz el hombre que rechaza a Dios». Y les propuso, para que Dios sea acogido por todos, el discurso de las Bienaventuranzas que «no deroga la Ley de Moisés, sino que desvela sus recónditas posibilidades y hace surgir nuevas exigencias». Tendió también la mano a los musulmanes en el edificio de la Nunciatura Apostólica: «Creo que es posible una colaboración fecunda entre cristianos y musulmanes. Y, de este modo, contribuiremos a la construcción de una sociedad que, bajo muchos aspectos, será diversa de aquella que nos ha acompañado desde el pasado». En el horizonte, el encuentro de Asís que tendría lugar más tarde, el 27 de octubre, donde mostraría cómo desde lo religioso se puede construir un mundo mejor.

En este empeño, los cristianos no deben caminar desunidos. Es urgente la unidad en el proyecto ecuménico: «No se puede ceder a la presión de la secularización y llegar a ser modernos adulterando la fe. La fe tiene que ser nuevamente pensada y vivida, hoy de modo nuevo, para que se convierta en algo que pertenece al presente. Esto es una tarea ecuménica central. Como sucedió con los mártires de la época nazi, que propiciaron nuestro acercamiento recíproco, suscitando la primera apertura ecuménica». Fueron palabras en Erfurt, a la sombra de la reforma de Lutero, segunda etapa de su viaje alemán. También allí cerca, invitó a los ortodoxos a seguir trabajando por esa unidad.

El Papa remató su visita con un discurso sobre la reforma de la Iglesia en su encuentro con los católicos en Friburgo: «Todo ello no tendría sentido si no aspiráramos a la renovación de la Iglesia en un momento en el que, con el avance de la secularización, crecen las deserciones en su interior». La Iglesia somos todos, no solo la jerarquía, y a todos nos corresponde la renovación, no por esnobismo, sino por fidelidad a la misión. Para ello apeló al distanciamiento de la Iglesia de todo poder temporal y de todo apego a lo material y a la riqueza, para que así luzca la verdad.

Merece la pena reflexionar detenidamente sobre estas cuatro claves, oportunas, valientes, claras y, sobre todo, llenas de esperanza y de futuro: apertura al mundo y a la sociedad actual, diálogo interreligioso, tarea ecuménica y la siempre necesaria renovación interior de la Iglesia, una de las grandes aspiraciones de Ratzinger. La confesión religiosa más numerosa y más extendida en el mundo tiene en estos campos una hoja de ruta.

LAS ESTADÍSTICAS, UN RETO

Todos lo dicen. No tienen más programa que el Evangelio y el Vaticano II. A un cónclave no van programas electorales, ni candidaturas, nadie se postula, nadie hace campaña. Es otra cosa. Prima la Tradición con mayúscula. Como en la corriente de un río, las aguas atraviesan raudas distintos cauces y lechos. Avanzan arrastrando y sedimentando. Aguas impetuosas. Ahora un nuevo panorama se abre ante el que hace el número 266 como sucesor de Pedro. Atrás quedaron siglos intensos con luces y con sombras. *Ecclesia semper reformanda est* con sus tiempos largos. La improvisación no es norma. Todo es más lento, más pensado. Dice el salmo 89: «Mil años en tu presencia son un ayer que pasó, una vigilia nocturna». La Iglesia sabe esperar. Su presencia en todos los rincones del mundo y en todas las esferas la convierten en un observatorio privilegiado de la vida social, política, económica, cultural e intelectual en el mundo entero. Antes de que llegara el concepto de globalización, la Iglesia ya había acuñado un concepto globalizador, «catolicidad», que no es otra cosa que *globalización* a la antigua. *Urbi et Orbe*. A todos y en todos los lugares. Hay quienes piensan, dentro y fuera de la Iglesia, que hay cosas que deben cambiar y que es necesaria una mayor renovación en la comunión, criticando un fuerte «restauracionismo» en los últimos años del pontificado.

La viña en la que el nuevo Papa trabajará no está igual que hace cincuenta años. No está en las mismas condiciones que cuando Wojtyła calzó las sandalias del pescador de Galilea o cuando Ratzinger se sentó en la cátedra de Pedro. Ni el mundo, ni la Iglesia, ni el hombre son ya los mismos. Las sandalias del papa Francisco recorrerán nuevos caminos y la cátedra se levantará en nuevos escenarios. El mapa ya no es el territorio. En estos últimos años, se ha ido cerrando un ciclo, el que nació en el periodo que siguió a la Segunda Guerra Mundial. La Guerra Fría, el Telón de Acero, los problemas de entonces están superados. Ahora la agenda es distinta. Tanto Juan Pablo II como Benedicto XVI son hijos de esa época. Ambos han llevado la nave de la Iglesia hasta el tercer milenio. Y ya está aquí, entregada al nuevo timonel. La *traditio* (entrega) siempre viva. Es una de las claves de la permanencia de la Iglesia. Nadie la destruye. Es una gustosa frase que se suele repetir en momentos de dificultades.

7

LOS RETOS QUE ESPERAN AL NUEVO PONTÍFICE

Este no ha sido tan fácil como el pasado cónclave en el que parecía inevitable que el cardenal Ratzinger sucediera a Juan Pablo II. Los cardenales han pedido tiempo, sin presión mediática y con informaciones precisas, para proceder a la elección del sucesor de Benedicto XVI. Empieza otra nueva etapa, marcada por los nuevos desafíos. En esta elección los cardenales han tenido en cuenta otras variables, conscientes de que estaba eligiendo a un pontífice mientras, por primera vez en la historia, el anterior sigue vivo. Lo decía uno de los electores de la asamblea y probablemente uno de los más preparados, el cardenal Kasper, que acababa de cumplir los ochenta años pero que ha podido participar por haberlos cumplido en el periodo de sede vacante. El cardenal perito en relaciones ecuménicas señalaba la importancia en esta ocasión de las congregaciones previas, dado que, según decía, había muchos cardenales que no se conocían lo suficiente y necesitaban charlar e intercambiar impresiones.

Al nuevo pontífice le esperan retos nuevos, retos importantes, retos que necesitan una urgente respuesta. Señalar esos retos desde realidades contrastadas ha sido y es tarea de muchas instituciones que apuntan al «Papa soñado» con el derecho que les da la opinión. Instituciones de diversas partes del planeta, congregaciones religiosas, laicos organizados, no creyentes, periodistas, gentes de la cultura y de la política, cristianos de a pie, todos se han sentido con el derecho de opinar y de soñar. Complicado lo han tenido los cardenales para buscar un sucesor de san Pedro que sepa, siguiendo la sana tradición, responder a los retos que hoy tiene la Iglesia en este nuevo milenio. La respuesta dependerá de muchas cosas y tiene su raíz en la geografía actual de la Iglesia, en la herencia de los antecesores y en las demandas de la sociedad.

REFORMA DE LA CURIA

La curia no es la Iglesia, como tampoco el Vaticano lo es. La curia es la estructura que gobierna la Iglesia y precisamente las pocas dotes de gobierno han sido una de las sombras del pontificado de Ratzinger, más dado a la cátedra que a la geopolítica, más dado a considerar la dimensión trascendental de la curia vaticana que su dimensión organizativa. El mismo cardenal Kasper indicaba en unas declaraciones previas al cónclave que «la Iglesia tiene que plantearse a fondo una renovación de la curia vaticana. Es una reforma prioritaria porque falta diálogo interno, los dicasterios no se hablan, no hay comunicación», decía el cardenal alemán. También apelaba a esa reforma con urgencia el cardenal de Sídney, George Pell. Esta es una de las reformas que los pontífices anteriores han pretendido hacer. Quien más trabajó por ello fue Juan Pablo II, si bien sus continuas ausencias y sus muchos viajes apostólicos, impidieron que se llevara a cabo con eficiencia. Benedicto XVI, que se vio atrapado en ella, pese a conocerla bien, aunque no había participado en sus intrigas, prefirió ofrecer orientaciones y no hacer sangre, puesto que muchos de sus miembros habían sido durante largos años colaboradores suyos. Incapaz de controlarla, dejó pasar muchos asuntos para verse, al final, atrapado por ellos. El nuevo Papa tiene como reto esta reforma para que este viejo organismo, no solo se adapte a los tiempos modernos, sino que sea referente de gobernanza mundial. La globalización de la curia implicaría una mayor presencia de responsables procedentes de todas las latitudes, de forma que hagan presente el sentir de otras iglesias en Roma. Es verdad que en los últimos años esto ha sido significativo y muchos de los responsables de los dicasterios procedían de diversas iglesias, aunque, sin embargo, se les ha acusado de tener una sensibilidad más romana que autóctona y en algunos casos de haber sido promovidos a Roma por los problemas que tenían en sus diócesis de origen, como sucedió con el todopoderoso López Trujillo, de Colombia. En otros casos los cardenales más conservadores fueron trasladados a Roma, y en otros, los menos, cardenales eficientes, que en Roma se sintieron bastante ajenos, trasladados a sus diócesis, como fue el caso del cardenal de la Congregación para el Clero, Cláudio Hummes.

Uno de los aspectos en los que más se pide la reforma curial es en lo relacionado con los bienes de la Iglesia y todo lo ligado al Banco Vaticano, el todopoderoso IOR. Las finanzas vaticanas, con muchas ramificaciones en la política italiana, se han visto afectadas por las turbulentas aguas del país en el que está situado el Vaticano, Italia. Operaciones dudosas, participación en algunas empresas discutibles, presiones de diversa índole han hecho que el dinero del Vaticano haya sido escándalo en no pocas ocasiones. Monseñor Viganó, responsable de las finanzas, ya le expuso al Papa la situación en una carta, y al poco tiempo lo desplazaron a la nunciatura de Estados Unidos con el consiguiente malestar en algunas de las áreas vaticanas implicadas. En los últimos meses del pontificado de Ratzinger, el exsecretario de Estado, Angelo Sodano, y el actual, Tarsicio Bertone han sido los protagonistas principales de una lucha soterrada. Una muestra muy significativa de la pésima situación del organismo, que ha estado muy presente a la hora de celebrarse el cónclave. Un periodista italiano decía que los cardenales se estaban inmunizando contra todo candidato italiano. La explosión del caso Vatileaks ha venido a confirmar precisamente este deseo de una mayor trasparencia. Una de las opiniones más extendidas en estos últimos meses ha sido la que se refiere a la causa real de los papeles que han salido de los apartamentos pontificios y que entregó a la prensa el exmayordomo del Papa, Paolo Gabriele, quien, al parecer confesó al pontífice que lo hizo para que abriera los ojos ante lo que estaba pasando y lo que le estaban ocultando a su alrededor. Otros, sin embargo, han visto la mano del cardenal Sodano detrás de esta operación de acoso y derribo contra Tarsicio Bertone. Dan Brown tiene materia para nuevas entregas de novela de ficción.

Los cardenales piden al nuevo pontífice una curia renovada, pero una curia también abierta, con mayor participación de laicos y que represente realmente la realidad de la Iglesia. Aunque Benedicto XVI cambió a los responsables al año de comenzar su pontificado, sin embargo, la maquinaria curial en muchas ocasiones los ha ido absorbiendo, poniéndolos a un lado y dificultando el desempeño de su trabajo. La acción de la Secretaría de Estado en este mismo sentido es clave por ser la encargada de la presencia en todas las iglesias locales y ante los diversos países del mundo para los que se desea que el estilo de trabajo sea un referente ético mundial, una de las características que se piden para esta importante reforma. En el último cónclave la maquinaria curial ha trabajado con ahínco para imponer a su candidato, frente a otros bloques de cardenales que consideraban que era la hora de un cambio en profundidad desde la misma cabeza, como ha hecho Benedicto XVI, decía un cardenal, que ha empezado él con el ejemplo, cambiando las estructuras desde arriba y haciendo ver que las estructuras no son absolutas, que el servicio es lo único que importa. En este sentido ha sido interpretado el gesto de la renuncia por parte de quienes vieron a Ratzinger impotente para cambiar estructuras importantes. Los discursos que el Papa ha ido dirigiendo a los estamentos curiales en los últimos años, especialmente en el encuentro previo a Navidad, ofrecen claves importantes del camino que deseó emprender pero para el que le faltaron las fuerzas físicas y espirituales suficientes.

Una propuesta sobre la renovación curial ofreció recientemente el teólogo español José Ignacio González Faus para quien «los miembros de la curia deberían dejar de ser obispos, porque la existencia de obispos sin iglesia es contraria a la más originaria tradición de la Iglesia, legislada ya en el canon 6 del Concilio de Calcedonia. La hipocresía de hacerlos titulares de una diócesis inexistente, no hace más que poner de relieve la mala conciencia con que se desobedece aquí a la Tradición. Tengo datos para afirmar que esa era la mentalidad de Benedicto XVI cuando llegó a la silla de Pedro; pero la curia se lo impidió. [...] Roma debería reinstaurar la participación de las iglesias locales en la elección de sus pastores, obedeciendo así también a toda una tradición que llena el primer milenio y que solo se quebró por la necesidad de impedir que los poderes civiles intervinieran en la designación de los obispos. [...] Igualmente deberían desaparecer del entorno papal todos los símbolos de poder y de dignidad mundana que opacan la revelación de la dignidad de Dios consistente en su anonadamiento en favor de los hombres. Habría que suprimir a los llamados "príncipes de la Iglesia", título casi blasfemo para una institución que se funda en Jesús como su piedra angular. El obispo de Roma debería ser elegido (por ejemplo) por los presidentes de las diversas conferencias episcopales, añadiendo quizás un grupo de religiosos y de hombres y mujeres laicos. Esta reforma puede ser más lenta que las dos anteriores. Pero la comisión de canonistas encargados de darle carácter jurídico tiene tiempo para trabajar hasta el próximo cónclave. Y entre esos títulos de poder mundano ajenos a Cristo, el sucesor de Pedro debería dejar de ser un jefe de Estado, porque eso avergonzaría a su predecesor». Una propuesta valiente, pero propuesta al fin y al cabo, basada en un deseo de reformar las instituciones.

Con un tono menos agresivo y más realista, el ya fallecido cardenal Martini, uno de los serios candidatos a suceder a Benedicto XVI, y que se retiró a causa de su enfermedad, en un encuentro con Ratzinger animó a este a poner en pie esta reforma, ya pensada y diseñada en un proyecto que nunca salió a la luz y que eliminaría muchas de las estructuras viciadas en el interior del gobierno de la Santa Sede. Ratzinger no se atrevió. Prefirió seguir por la senda de la reforma que Juan Pablo II hizo en la constitución apostólica *Pastor Bonus* de 1990. Para el profesor Arrieta, la reforma de la curia puede llevarse a cabo con un cumplimiento exacto de esta carta. No obstante, hay un miedo a que el nuevo pontífice, desconocedor de la curia pueda hacer cambios superficiales, de puro maquillaje, para salir del atolladero, una vuelta al lema de Lampedusa en *El gatopardo*, «que todo cambie para que todo siga igual» y que pase la tormenta. Si alguien como Ratzinger, conocedor y víctima de la curia, no pudo realizar una reforma profunda, ¿quién podrá hacerlo? El reto está sobre la mesa para los próximos años pero sin duda es algo que la Iglesia espera del papa Francisco con urgencia y prioridad.

LA COMUNIÓN EN LA DIVERSIDAD

Si ha habido un esfuerzo meritorio en la labor de Benedicto XVI ha sido el esfuerzo por lograr la comunión de la Iglesia. Su magisterio está plagado de textos y testimonios sobre la necesaria unidad y comunión eclesial, tratado desde la vertiente teológica y desde la operativa. Se ha puesto de manifiesto en las iniciativas ecuménicas, en los discursos a los obispos a los que siempre ha llamado a cuidarla como una perla preciosa que hay que buscar, incluso por encima de las posturas personales. La ha defendido, la ha pedido y ha trabajado por ella. Y también en el seno de la Iglesia. Particularmente significativa ha sido su tarea hasta límites insospechados para que la Fraternidad Sacerdotal San Pío X, fundada por el cismático obispo Marcel Lefebvre, volviera a la comunión eclesial. La crítica generalizada ha sido que este esfuerzo no ha sido igual en el caso de otros sectores de la Iglesia más progresistas. Los movimientos de algunas iglesias europeas, concretamente en Austria y en Alemania, no se han sentido escuchados por el Papa emérito y sus iniciativas han sido silenciadas, como la de otros colectivos en América Latina, cercanos a la Teología de la Liberación, o en Estados Unidos, donde ha habido auténticas amenazas de cisma por la falta de respuesta de Roma a muchas de las reivindicaciones de grupos eclesiales tanto de laicos como de clérigos y religiosos. En este sentido han sido muchos los teólogos que se han visto amenazados a causa de sus propuestas, sintiéndose silenciados por tener visiones distintas a las oficiales. Tan solo pedían ser escuchados, que sus doctrinas tuvieran un lugar donde expresarse, que, al menos fueran escuchadas.

Mientras tanto, en muchos colectivos eclesiales ha ido creciendo la sospecha de que tan solo algunos nuevos movimientos tienen carta de ciudadanía y se les da patente de corso para repartir cédulas de pertenencia a la Iglesia. En las curias diocesanas, las conferencias episcopales e incluso en el Vaticano la presencia de miembros de los nuevos movimientos es bastante significativa hasta el punto de cerrar la colaboración de otras visiones de Iglesia. Especialmente significativo está siendo el posicionamiento del Opus Dei con fuerte presencia curial, el Camino Neocatecumenal, que en el pontificado de Juan Pablo II tuvieron una presencia destacada en el Vaticano, y, en los ámbitos universitarios, Comunión y Liberación.

El nuevo Papa tiene como reto buscar la armonía de la comunión en la Iglesia, un símil muy apreciado y usado por Benedicto XVI. Y en este sentido hay un deseo de colaboración mutua. Recientemente un obispo comentaba: «A veces confundimos dónde están los enemigos de la Iglesia y no sabemos ver que nos confundimos y señalamos a un lugar equivocado». Dejar actuar a las diferentes sensibilidades eclesiales, armonizar su trabajo, rescatar su riqueza, trabajar en la comunión en la diversidad es una de las grandes apuestas que se piden al nuevo pontífice. No será un trabajo fácil, será arriesgado, pero ha de hacerse con urgencia. Ya hay quien habla de un cisma interno, una división y fragmentación auspiciada desde arriba, que llega a doler y molestar, y que en muchos ambientes se interpreta como una salida rápida y fácil a la falta de imaginación de muchos obispos que prefieren echarse en brazos de algunos nuevos movimientos para llevar a cabo una pastoral de restauración. En otros casos, como el del Opus Dei, la actuación y participación en los órganos de gobierno eclesiales se ha ido redimensionando en los últimos años. Su presencia es cada vez mayor y de mayor calado en los círculos políticos, empresariales, docentes y de comunicación, con una hoja de ruta que tomó fuerza tras la canonización de su fundador. Otros movimientos, como el liderado por Kiko Argüello, han tenido una presencia más larvada en este pontificado, pese a haber sido Benedicto XVI quien, al final, ha aprobado los estatutos y, en palabras del Papa, «las celebraciones presentes en el Directorio Catequístico del Camino Neocatecumenal, que no son estrictamente litúrgicas». El Papa les pidió una mayor implicación en las comunidades parroquiales y cambió algunos de los aspectos de la liturgia que ellos habían introducido.

Por lo tanto el papa Francisco no puede olvidar este aspecto, el de la unidad y la comunión. Con los cristianos separados, pero también en el interior de la misma Iglesia católica.

Más que nunca esta unidad se encuentra resquebrajada por distintas sensibilidades internas. Tras las diferencias emanadas después del Vaticano II todas estas voces disonantes deben integrarse. El Papa ha de tomar la batuta de esta orquesta con autoridad, pero con mucha diplomacia y diálogo desde la humildad. La humildad sin la autoridad hará del Papa una marioneta en manos de los más persuasivos. Y hoy, en muchos movimientos eclesiales, la persuasión es un arma peligrosa.

RESTAURAR LA CREDIBILIDAD DE LA IGLESIA

Es un reto importante. En estos últimos años no solo la imagen de la Iglesia se ha visto dañada sino también su credibilidad. El abandono de muchos cristianos por los casos de abusos sexuales y por otras cuestiones relacionadas con la postura de la Iglesia ante determinados temas de moral sexual, todo ello, ha producido una gran sangría en la Iglesia, no solo en América del Norte, sino también en diversos países del centro de Europa. A esto hay que añadir las distintas actuaciones de algunos organismos de la Santa Sede relacionados con temas económicos. El poder económico de la Iglesia, en momentos de crisis y pese a los muchos esfuerzos que en las zonas del planeta hace en proyectos para erradicar la pobreza y paliar las necesidades de quienes sufren, es algo que sigue disuadiendo a muchos cristianos que se ven sorprendidos por los escándalos de tipo económico como los que se han conocido en el caso *Vatileaks*. Una Iglesia más pobre ayudaría a recuperar la credibilidad. Es verdad que en algunos países en los que la religión católica no es tan mayoritaria su presencia es aún tenida en cuenta y es un referente moral, pero no así en los países de vieja tradición cristiana. Es preciso un cambio de estilo en las formas pero también en el discurso.

Y especialmente en los temas de abusos sexuales a menores. Aunque hay otros sectores de la población donde el porcentaje de abusos a menores es significativo, incluso mayor, no es excusa para que la Iglesia no ponga en marcha un programa de tolerancia cero, siguiendo los pasos del Papa emérito, para caminar en un doble sentido. Por un lado romper con la política de silencio y colaborar con la justicia para que no queden impunes estos crímenes horrendos contra la dignidad de los menores, facilitando todo lo que sea necesario el trabajo de la justicia y apoyando a las víctimas de la forma más humana y caritativa posible. Pero por otro lado es importante que, desde Roma, se aliente una pastoral vocacional que fomente el discernimiento y la madurez afectiva en los candidatos al sacerdocio. Un plan adecuado a los seminarios y casas de formación de clérigos y un seguimiento posterior.

También será preciso recuperar la credibilidad en la gestión de los recursos, no solo en el interior de la propia Iglesia, sino para con las iglesias más pobres. El destino de los bienes en la Iglesia, la labor ética en la actual crisis económica, la solidaridad y la ruptura de las brechas que existen entre ricos y pobres son asuntos urgentes. Particularmente significativo fue el magisterio social, incorporado a la doctrina social de la Iglesia de los antecesores. Del nuevo Papa se espera que recupere el lugar de la Iglesia como instancia ética mundial: una Iglesia que sea capaz de ser libre ante los poderes políticos y económicos y defienda las causas justas y nobles, se alinee en defensa de la paz y la justicia, abogue por las políticas medioambientales y se convierta en un modelo ético para los organismos internacionales. Una Iglesia excesivamente reducida a lo doctrinal, al culto, al boato y a una pastoral de conservación no podrá ser significativa. El Papa debe recuperar el pulso de la constitución dogmática *Gaudium et Spes*, y no solo se mire a sí misma, sino que tiene que acompañar al hombre y a la mujer de hoy en su travesía por la historia. Solo así recuperará su imagen y podrá ser creíble en medio de un mundo en el que debe ser sal y luz.

UNA IGLESIA MÁS ALLÁ DEL EUROCENTRISMO

El mayor número de católicos ya no está en Europa. Hoy son muchos más en otros continentes, como sucede en América Latina. El número de católicos en Europa ha disminuido. Un Papa debe ser consciente de las inmensas posibilidades que se abren más allá del Atlántico y de la emergencia del cristianismo en África y en los países asiáticos. Tanto Ratzinger como Wojtyła han sido, si acaso, los dos últimos grandes pontífices europeos. Ahora la mentalidad no puede ser eurocéntrica. Es verdad que Juan Pablo II hizo un esfuerzo ingente de universalización en muchos aspectos de su pontificado. Era el párroco del mundo, pero siempre desde su concepción, formación y *background* europeos. Y con más intensidad, Benedicto XVI, que incluso ya en la elección del nombre, lo acentuó refiriéndose a Benito de Nursia y a su antecesor Benedicto XV.

El actual Papa emérito era reconocido en el momento de su elección por sus dotes intelectuales y culturales, así como por su ardiente defensa de la fe en sus trabajos teológicos, pero igualmente, desde el primer momento de su elección, aunque se le reconocía su conocimiento europeo, se sabía que desconocía la realidad de otros continentes, principalmente de aquellos en los que el sufrimiento y la pobreza de la población son de grandes proporciones. A un intelectual acostumbrado a las aulas y a las bibliotecas, con poca experiencia viajera y escaso conocimiento de la geografía del hambre, del dolor y de la miseria, y con una edad tan avanzada, le sería complicado entender la extensión de los problemas en esos lugares en los que paralelamente se concentra el mayor núme-

ro de católicos. Se trataba de un Papa eminentemente europeo, con raíces filosóficas, teológicas y culturales del Viejo
Continente. No quiere decir que sea algo malo. Ser europeo
no es ninguna deshonra, pero esta «barca que hace aguas por
todos los lados», como él mismo dijo en 2005 refiriéndose a
Europa, necesita evitar quedar varada en viejos puertos, salir
a alta mar y abrirse a nuevos continentes, bogando mar aden-
tro, como gustaba decir su amado predecesor.

Fue esta una de las ideas que motivaron la creación del
nuevo dicasterio para la Nueva Evangelización. Sin embargo, Ratzinger es europeo. Su formación se cuajó en momentos en los que la Iglesia europea tenía fuerza. En todo momento lo ha puesto de manifiesto. Sus viajes se han centrado
en Europa, sus escritos rezuman fuentes de filósofos y teólogos europeos, sus esfuerzos ecuménicos se inscriben en el escenario europeo, donde luteranos, ortodoxos y anglicanos
conviven con católicos. Sin embargo, es en otras partes en
donde hay más católicos. Cuando Ratzinger nació, dos tercios de los católicos estaban en Europa. Hoy la cantidad se
ha invertido y el Viejo Continente cuenta con menos católicos, aunque los números se mantengan en algunos países,
atendiendo a un cristianismo más sociológico. El mapa que se
le presenta al papa Francisco es distinto, muy distinto al que
encontraron tanto Juan Pablo II como el mismo Ratzinger.

El mapa ya no es el del territorio y el de los problemas am-
plificados por los altavoces de la globalización, sino que ha
aumentado y ha tomado dimensiones muy distintas. Son necesarias nuevas respuestas. Benedicto XVI ha sido muy consciente de ese giro y lo indicaba en el texto mismo de su renuncia: «En el mundo de hoy, sujeto a rápidas transformaciones
y sacudido por cuestiones de gran relieve para la vida de la fe,
para gobernar la barca de san Pedro y anunciar el Evangelio,
es necesario también el vigor tanto del cuerpo como del espíritu, vigor que, en los últimos meses, ha disminuido en mí de

LOS RETOS QUE ESPERAN AL NUEVO PONTÍFICE 159

tal forma que he de reconocer mi incapacidad para ejercer bien el ministerio que me fue encomendado». Un mundo sujeto a «profundos cambios y grandes desafíos», donde muchas cuestiones de gran relieve «sacuden la fe». Es un tema al que el Papa emérito le ha atribuido una gran importancia y al que ha dedicado muchas de sus intervenciones. El nuevo sucesor de Pedro ha de tener claro este desafío, estos vendavales que zarandean la nave de Pedro. En el Sínodo de la Nueva Evangelización que Benedicto XVI convocó y celebró el pasado mes de octubre ya tuvo en cuenta este nuevo escenario que se le abre a la Iglesia actual. Y son esos nuevos escenarios los que se le ofrecen al nuevo Papa. La geopolítica de la Iglesia no se hace ya en las cancillerías del mundo, ni en las alianzas entre príncipes. Hoy los mapas del mundo son distintos. En el documento que sirvió de base al último sínodo celebrado en Roma el pasado mes de octubre, pese a no haber tenido el eco esperado y la significación que se deseaba, se hablaba de los escenarios que se abren al evangelizador que ha de transmitir la fe a las nuevas generaciones. La preocupación por la transmisión de la fe es grande. Fue por ello por lo que el mismo Benedicto XVI quiso dibujar un mapa específico a su sucesor. Ya sabía que se marchaba y dejaba el plano a quien viniera detrás. Pendiente queda la exhortación apostólica postsinodal que el mismo Papa debería redactar con las conclusiones de la asamblea sinodal y donde aparecerán los grandes retos de futuro para la tarea de la evangelización en los próximos años. Respetuoso, Ratzinger no ha querido redactarla y lo ha dejado para su sucesor. También pasó lo mismo con el Sínodo de la Catequesis convocado por Pablo VI. El texto posterior sobre las conclusiones lo redactó Juan Pablo II en la *Cathechesi Tradendae*. De alguna manera, en los textos de este sínodo y, a mi juicio también en los discursos de su último viaje a Alemania, están esbozadas las líneas por las que ha de caminar el nuevo pontificado. Este es

el mapa que Benedicto XVI ha dejado a su sucesor, el papa
Francisco. Todos suelen hacerlo de una u otra forma. Sin embargo, la diferencia es que ahora ambos pueden hablar, dialogar y conversar sobre ellos. Uno es emérito y el otro en ejercicio. Es la diferencia con respecto a los anteriores. Y esto es
lo que le da cierta importancia.

UNA ACTUACIÓN EN EL MUNDO DE LA CULTURA

La cultura contemporánea no lanza sus dardos contra lo religioso y el ateísmo no es tan virulento como en otros momentos, especialmente a mediados del siglo xx. Hoy, como
Benedicto XVI ha indicado en muchas ocasiones en sus discursos y viajes, incluso de forma repetitiva, el desafío está en
un concepto de cultura que no tiene en cuenta a Dios, que
pretende desalojarlo del escenario. Es este un desafío que
queda sobre la mesa del nuevo pontífice en esta nueva etapa
histórica que se abre. Ya en su primer mensaje de Navidad,
el 25 de diciembre de 2006, Benedicto XVI apeló a un nuevo
orden mundial en el que no faltara Dios, como propuesta de
sentido. Solo la fuerza del amor es capaz de cambiar el mundo, dijo a los jóvenes reunidos en Loreto en los primeros días
de septiembre de 2007, como repetiría en las Jornadas Mun-
diales de la Juventud celebradas en Colonia, Alemania, en
Sídney y en Madrid. Ciertos ámbitos de la cultura permanecen cerrados a la Iglesia. Ratzinger llamó a sus puertas de
forma insistente. En el texto que tenía pensado leer en la Universidad La Sapienza de Roma y que no pudo leer de forma
directa tras la prohibición provocada por la protesta de sesenta y siete profesores, el Papa abogaba por el diálogo y el
respeto como premisas importantes para fortalecer el mundo
cultural. En el texto llamó a los universitarios a buscar la verdad con espíritu libre y responsable. Era el mes de enero de

2008. En abril, Benedicto XVI insistía en las claves culturales que el cristianismo puede aportar desde el respeto mutuo. Lo hacía en la sede de las Naciones Unidas, en Nueva York, invitando a los asambleístas a poner a la persona en el corazón de las instituciones. En septiembre de ese mismo año, en París, durante su visita a Francia se pudo escuchar uno de los discursos claves sobre la misión de la Iglesia en el mundo de la cultura. Lo hacía en el Colegio de los Bernardinos ante un escogido grupo de personajes del mundo de la cultura francesa. Este mismo discurso, con matices y enriquecido, se le pudo escuchar en el resto de sus viajes, como el que realizó en septiembre de 2009 a la República Checa, concretamente en sus palabras pronunciadas en el castillo de Praga. Más tarde lo repitió en Portugal, en mayo de 2010, y en Londres, en su visita a Reino Unido en septiembre del mismo año, concretamente en Westminster Hall, ante las cámaras de representantes políticos, representantes de la cultura y varios exprimeros ministros que lo escuchaban absortos. En su tierra, como hemos visto, en Berlín, volvió a repetir este mensaje. La cultura no puede prescindir de Dios.

En esta misma línea Ratzinger alentó una iniciativa del Pontificio Consejo para la Cultura que preside el cardenal Gianfranco Ravasi, uno de los cardenales más cercanos al Papa emérito. El Atrio de los Gentiles fue una apuesta decidida por este diálogo y por esta presencia de la fe en el mundo de la cultura. El profesor Ratzinger ya había planteado esta iniciativa en sus años de docencia en Tubinga y ahora la extiende a toda la Iglesia: Bolonia, París, Barcelona, México y otros rincones, aunque un sector de la curia vaticana la considere con recelo. En cualquier caso, va tomando cuerpo lentamente como una iniciativa de diálogo con el mundo de la cultura. En Madrid, en donde tenía previsto celebrarse, no pudo llevarse a cabo. Nietzsche diría que quienes más daño hacen a la verdad son precisamente los «sacristanes de la verdad», quienes quieren domeñarla y hacerla a su antojo. No es este el horizonte de Ratzinger ni el que busca el Pontificio Consejo para la Cultura, llamado a tener un papel relevante en el nuevo pontificado.

COMUNICACIÓN CADA VEZ MÁS CLARA

La Iglesia tampoco puede mantenerse al margen de los cambios en otro contexto como el de la comunicación: ha surgido un nuevo espacio, el planeta digital, que constituye un desafío nuevo. El cambio de imagen en la comunicación, el nuevo lenguaje que se necesita, así como la comprensión de la nueva antropología que Internet lleva consigo, no pueden mantener a la Iglesia en el furgón de cola, con desafíos nuevos y manteniéndose en viejas y caducas formas de evangelizar. El hombre es ya distinto. El nuevo pontífice Francisco tiene ante sí el reto de las redes sociales, del nuevo lenguaje, de la nueva comunicación, de las nuevas vías que se abren. Propiciar una política de comunicación distinta, pese a los grandes esfuerzos que se han venido realizando, es una labor que se ha de realizar de forma paralela a todos los intentos de situarse en un mundo nuevo y distinto

La comunicación ha sido una de las preocupaciones del pontificado de Ratzinger y se presenta como uno de los retos del nuevo pontífice. Durante el pontificado de Juan Pablo II, la comunicación estuvo en manos del miembro destacado del Opus Dei, el español Joaquín Navarro-Valls, de quien siempre se dijo que vertebraba la comunicación en dos polos: uno, su relación casi diaria con Wojtyła y otro, con llamadas directas a los directores de los cuatro grandes periódicos del mundo, cuyos números directos tenía en el móvil. Ratzinger, un hombre poco iniciado en las lides informativas, confió la tarea a un equipo de profesionales liderados por el jesuita Lombardi, quien en estos años se ha ganado el aprecio de la prensa acreditada en la Santa Sede. Junto a la *Sala Stampa*, otro de los puntales en la comunicación ha sido el actual director de *L'Osservatore Romano*, Giovanni Maria Vian, un laico, profesor, periodista e historiador de la época patrística, hombre del cardenal Bertone.

Vian, que también ha mantenido una fluida relación con Ratzinger, preocupado por los problemas de comunicación en la Iglesia, aprovechó un encuentro con motivo del ciento cincuenta aniversario del periódico del Papa, para hacer una reflexión sobre la situación de la comunicación, en momentos en los que su gestión estaba siendo contestada por parte de algunos sectores de la curia. Con el título «Incomprensiones» este encuentro abordó la relación entre la Iglesia y los medios. Las ponencias fueron publicadas en un libro, *Il filo interrotto* (Mondadori, 2012): el hilo con la prensa se había roto y había que volver a conectarlo. Es importante en los momentos de conflicto especialmente. En el libro intervienen varios especialistas en comunicación que explican cómo la prensa abordó los conflictos del pontificado. Especialmente significativo es el capítulo, firmado por el cardenal Ravasi, donde se abordan los vicios y las virtudes de la comunicación, incorporando una crítica y autocrítica a la comunicación intraeclesial. Un trabajo interesante en el que se abordan cuestiones sobre las habrá que volver a hablar en el futuro.

Y junto a este trabajo no deja de ser significativo todo el entramado mediático del Pontificio Consejo para las Comunicaciones que preside en arzobispo Claudio Maria Celli, que ha hecho de la comunicación eclesial uno de sus retos y que ha abierto la comunicación vaticana al mundo en general y al mundo de las nuevas tecnologías en particular. El Pontificio Consejo tiene un gran reto con el nuevo Papa, si bien se echa en falta una mayor relación entre los distintos organismos vaticanos en el área de la comunicación. La relativa anarquía, de la que sacan provecho los detractores, ha sido parte del problema de la comunicación. He aquí un ejemplo elocuente: el padre Lombardi, portavoz vaticano, se enteró por la prensa de la remisión de la excomunión de los obispos cismáticos de Lefebvre cuando cruzaba la plaza de San Pedro. Esta relativa anarquía, no exenta de trampas, hace necesario un proyecto común y armonizado para estar a la altura de las circunstancias y del mundo de la comunicación, que no solo se soluciona con la fotografía de un pontífice ya anciano usando una tableta y comunicándose a través de las nuevas redes sociales.

En las últimas congregaciones generales que precedieron al cónclave, la prohibición a los cardenales estadounidenses de realizar ruedas de prensa, tuvo un efecto negativo sobre la imagen de la comunicación eclesial. Acostumbrados a un mundo más mediático, los cardenales estadounidenses no hacían sino aquello que consideraban importante, informar de lo que podían a los fieles del mundo que esperaban noticias de sus pastores en un momento trascendental. No tenían por qué revelar secretos, algo por otra parte frecuente en cónclaves pasados por parte de cardenales italianos que se iban de la lengua con la prensa amiga. Querían una mayor luz y taquígrafos. No fue posible. Y pese a los esfuerzos de Lombardi, se volvió a dar una imagen de secretismo que en nada beneficiaba a la verdad. Y cuando el secreto es la costumbre habitual, el bulo y la mentira corren a sus anchas, como ha sucedido con muchas informaciones que en nada afectaban al secreto del cónclave. Haberlas explicado hubiera ahuyentado bulos. Benedicto XVI, en sus mensajes sobre el espinoso asunto de las comunicaciones sociales, siempre ha sido partidario de la búsqueda de la verdad en la información.

EL VATICANO II COMO MARCO DE REFERENCIA

Este es un tema demandado y sobre el que se han vertido muchas opiniones. En el cónclave último ya no ha habido cardenales que hubieran participado en las sesiones conciliares. Ratzinger es uno de los últimos testigos y participantes activos en el Vaticano II. Él mismo ha introducido en su pontificado el tema mediante el recurso de la hermenéutica de la continuidad. La Tradición de la Iglesia no es algo estacando, sino que fluye y corre como el agua de un rio. El Vaticano II, celebrado hace cincuenta años, con el tiempo necesita examinarse. La continuidad pide una revisión, una puesta a punto. No parece haber acuerdo. La duda está en si el concilio puede revisarse o simplemente aplicarse en sus textos y en su espíritu. «Nada de vuelta atrás» ha dicho en varias ocasiones Ratzinger.

Precisamente por haber sido el Vaticano II un concilio pastoral y no dogmático, la dinámica de su aplicación puede variar con el tiempo. El papa Francisco se encontrará con un dilema triple, con tres demandas con respecto a este marco doctrinal que ha venido ayudando a la Iglesia en los últimos cincuenta años. Precisamente el hecho de estar celebrándose ahora su aniversario, ofrece posibilidades para volver sobre él. Para unos el Vaticano II es el marco, y tanto su espíritu como su letra han de permanecer vigentes. Para este grupo no hay vuelta atrás ni paso adelante. Como los luteranos y la *Sola Scriptura*, este grupo defiende el *Solo Concilium* de forma incluso agresiva, sin tener en cuenta que, por un lado, el mundo y la Iglesia han avanzado y hay problemas a los que no se enfrentó el Vaticano II y que ahora aparecen con urgencia; y, por otro lado, muchos aspectos no quedaron claros por la presión de algunos grupos conservadores que hicieron que ciertos temas doctrinales se saldaran acudiendo al consenso.

Otra postura, muy en boga en el pontificado de Ratzinger y con la que han andado a la greña teólogos y pastores, es el de la reforma de algunos aspectos conciliares. Es el grupo que hace responsable al Vaticano II de la descristianización, la escasez de vocaciones y la poca práctica religiosa. Según este grupo, los desmanes doctrinales y de disciplina eclesiástica en los años posconciliares han minado la vida de la Iglesia, que debería, según ellos, volver a ciertas costumbres y modos anteriores al evento conciliar en temas doctrinales, morales y litúrgicos. Asombra la vuelta a viejas formas en las jóvenes generaciones y cada vez se hace más grande la brecha entre una Iglesia conciliar y otra que añora tiempos remotos. El miedo les hace aplaudir el espíritu del Vaticano II aunque ponen en solfa algunos de los documentos.

Y un tercer grupo es el de quienes abogan por la celebración de un Concilio Vaticano III, celebrado en aniversario conciliar, y piensan que en la agenda del nuevo pontífice debiera abrirse la posibilidad de celebrar este nuevo concilio para un mundo distinto. Quienes se oponen a esta iniciativa aluden a las celebraciones de los sínodos que son los momentos en los que la Iglesia va adaptando el concilio a los nuevos tiempos. Según esta teoría, los sínodos ocuparían el lugar de un concilio. El Vaticano II representó la autoconciencia de la Iglesia de su misión en el mundo, pero según algunos, cuando los padres conciliares hicieron esa reflexión, estaban hablando de un mundo que se estaba desintegrando. La revolución que supuso la década de 1960 dejó muchos aspectos del concilio obsoletos. Y este mundo nuevo y distinto, según este grupo, es el que necesita de un Concilio Vaticano III que el nuevo Papa debería ir planteando para abordar temas que están produciendo en la Iglesia fracturas peligrosas. Un concilio que aborde el papel del laico y de la mujer en la Iglesia, con participación laica en las sesiones, que no tenga miedo a plantear temas urgentes como la nuevas formas de ministerio consagrado, la disciplina del celibato eclesiástico, la situación de los divorciados vueltos a casar, el mundo nuevo que se abre entre parejas del mismo sexo, el amplio panorama que la bioética ha abierto y otros muchos aspectos que el Vaticano II no tocó y que ahora se hacen necesarios e imprescindibles para seguir acompañando a la humanidad en esta nueva etapa histórica. El teólogo español Eloy Bueno dice: «Es bueno que se vaya discerniendo el momento conveniente para que la Iglesia comunión de Iglesias, en el testimonio concorde de sus obispos en torno al sucesor de Pedro, siga respondiendo a lo que la Iglesia piensa de sí misma y qué puede aportar a una humanidad que, en sus logros magníficos, sigue siendo vulnerable y finita». Seguir siendo samaritana, en definitiva, como lo fue el Vaticano II. Cuando se le preguntó a Pablo VI cómo definiría en un titular el concilio dijo: «Ha sido el momento en el que la Iglesia se ha puesto al lado del hombre herido, como buena samaritana, para darle esperanza y consuelo». Lo mismo debería hacerse ahora. Al papa Francisco se le pedirá que estas tres líneas se armonicen y se logre la sintonía adecuada en el espíritu conciliar.

MAYOR PESO DE LAS CONFERENCIAS EPISCOPALES

Lejos de propiciar un modelo de Iglesias nacionalistas, pero siguiendo con las líneas trazadas en la *Lumen Gentium*, se hace necesaria una descentralización mayor en el gobierno de la Iglesia, fomentando más la comunión de los obispos con el obispo de Roma. Hacer de las diócesis simples sucursales romanas atenta gravemente contra el espíritu conciliar. El protagonismo de las conferencias episcopales debe ser mayor y en muchas ocasiones la labor de los nuncios apostólicos quedaría mermada, pues los interlocutores debieran ser más los colectivos episcopales de los diversos países, con una mayor participación en los nombramientos de obispos. En estos últimos años se ha agudizado mucho la misión del obispo diocesano como visir de Roma, restando identidad. Una eclesiología de comunión evitaría muchos de estos problemas.

OTROS RETOS IMPORTANTES

Y junto a estos grandes e importantes retos, para poder ayudar a limar asperezas y a evitar la fragmentación eclesial se hace necesaria una nueva estructura diplomática para que las legaciones pontificias en los distintos países sean una misión más pastoral que política. Igualmente al nuevo pontífice le corresponderá, rebasados los pontificados viajeros de sus antecesores, revisar el formato de los viajes, dándoles un cariz más pastoral y evitando todo aquello que pueda dar una imagen de Iglesia triunfalista. Pero, sobre todo, el gran reto que el papa Francisco tiene sobre la mesa es el de atender con solicitud a las iglesias que trabajan en las zonas más pobres del planeta, alentando su trabajo, ayudando a sus recursos, denunciando proféticamente su situación. Ser, en última instancia, la referencia ética del Evangelio. Con su palabra y con sus gestos seguirá siendo el sucesor de Pedro, dejando el puesto de vicario de Cristo a quienes realmente son los vicarios de Cristo, los más pobres.

Y otro reto de interés es no negarse a debatir los problemas que hoy dividen a muchos católicos y que el mundo entero espera, a menos que la Iglesia no se cierre a los mismos. Tal es el caso del celibato obligatorio para los clérigos del rito latino, el papel de las mujeres en la Iglesia y en los ministerios hasta ahora reservados a hombres, la situación de los divorciados vueltos a casar, el trato de la Iglesia a los homosexuales, así como el matrimonio entre parejas del mismo sexo, los planteamientos ante el uso del preservativo y otros temas que, si bien la Iglesia tiene su propia doctrina, sin embargo, el hecho de no abrir debate sobre ellas hace que en muchos lugares se critique esta cerrazón. El solo hecho de admitir un debate racional ya sería signo de una apertura que ayudaría a la credibilidad de la propia Iglesia.

8

ESPAÑA, EL LABORATORIO DEL LAICISMO

No es fácil la tarea que el nuevo pontífice tendrá que llevar a cabo en España. En los últimos años la geografía de la Iglesia española ha sido diseñada por el cardenal Antonio María Rouco Varela como presidente en tres ocasiones no consecutivas del colectivo episcopal. Ha llegado la hora del relevo que, presumiblemente, se llevará a cabo cuando el próximo año cumpla el tiempo de su cargo en el colectivo episcopal, pese a que ya cumplió la edad canónica y presentó su renuncia al Papa en agosto de 2011. Lo hizo precisamente el mismo día en el que cumplía los setenta y cinco años, y el purpurado madrileño invitaba a su casa a Benedicto XVI, que en aquellos días visitaba España con motivo de la Jornada Mundial de la Juventud. También ha rebasado la edad canónica el cardenal arzobispo de Barcelona, Lluís Martínez Sistach. Hoy por hoy ninguno de los cardenales residentes en España tiene la adecuada edad canónica. Precisamente se espera que en el primer consistorio del papa Francisco se tengan en cuenta sedes españolas que tradicionalmente han tenido capelo cardenalicio como Sevilla, Toledo, Valencia o Santiago de Compostela. Los cardenales españoles son ya eméritos, como es el caso de los cardenales Amigo, Carles y Estepa. Solo Amigo ha podido participar junto a Rouco y Sistach en el cónclave. El resto de los españoles trabajan en la curia romana, como es el caso de los cardenales Cañizares, Santos Abril, Julián Herranz y Martínez Somalo.

Estos nombramientos ofrecerán al papa Francisco la posibilidad de abrir una nueva etapa, incierta, eso sí, en la Iglesia española, marcada en los últimos años por un gobierno presidencialista en los órganos de la Conferencia Episcopal, presidida por el actual cardenal madrileño. Es un reto importante en una sociedad que ha avanzado de forma acele-rada en los últimos años, sumida en una profunda crisis económica, junto a otros países del sur del Mediterráneo, con masiva presencia de inmigrantes y con leyes que han soliviantado al Vaticano, además de una fragmentación demasiado evidente en el seno de la misma Iglesia. Un día preguntó Benedicto XVI a un importante eclesiástico español si el color que mejor definía a la Iglesia española era el gris. Este eclesiástico se sonrió aplaudiendo la perspicaz intuición de Ratzinger. Gris y dividida, como quedó de manifiesto las dos últimas veces que el cardenal Rouco logró ser elegido presidente de la Conferencia Episcopal: rozando la mayoría por un escaso voto o dos, la elección ofreció la idea de un episcopado fragmentado. En la Iglesia la comunión no se fragua con este tipo de resultados, sino que se busca siempre el consenso. «No es que haya una fragmentación en la doctrina. En eso estamos todos de acuerdo. Es en el estilo de gobernar, en las formas», decía hace poco un prelado español. «Nunca en España, después de Cisneros, un cardenal ha tenido en sus manos tanto poder como el que tiene el actual arzobispo de Madrid», confesaba un historiador de la Iglesia en una conferencia. Una Iglesia de color gris. Inquietante pero certera afirmación de Ratzinger. Para otros, él ha sido parte responsable de este tono por no haber frenado muchas de las actuaciones que desde Madrid se han ido imponiendo en diversos ámbitos de la Iglesia española en estos últimos años.

VISITAS DEL PAPA A ESPAÑA

España ha sido el país que más veces ha visitado el Papa ahora emérito. Benedicto XVI visitó Valencia en julio de 2006 con motivo de la Jornada Mundial de las Familias. Volvió en noviembre de 2010 a Santiago de Compostela para orar junto a la tumba del apóstol y renovar la invitación de su antecesor a no olvidar las raíces cristianas de Europa. En ese mismo viaje veloz llegó a Barcelona para consagrar el templo de la Sagrada Familia, obra de Gaudí, donde el pontífice exaltó la importancia del arte y de la belleza como camino hacia Dios. Ya en 2011 llegó a Madrid para celebrar la Jornada Mundial de la Juventud en el mes de agosto, con la presencia de un millón de personas, la mayoría jóvenes, procedentes de todos los rincones del planeta. Ratzinger viajó a España tres veces, las mismas que a su tierra natal, Alemania. Conoce este país. Había estado en Madrid, Murcia y Pamplona como prefecto de la Congregación para la Doctrina de la Fe para impartir conferencias y recibir algún que otro homenaje. En España dice sentirse bien, aunque no ha dejado de mostrar su preocupación por los atisbos de «laicismo agresivo» que ciertas esferas eclesiásticas se han encargado de hacer llegar a sus oídos.

Ya se sabe: «De Roma viene lo que a Roma va». Y a Roma llegaban mensajes preocupantes que hubo que ir serenando con actuaciones más diplomáticas, con gestos por ambas partes. Los enfrentamientos asiduos no son propios de la Santa Sede. A Roma le tocó poner cordura, establecer puentes y abrir nuevas vías. La falta de *finezza* tuvo que dar paso a una *finezza* mayor, toda vez que se sucedía con demasiada frecuencia la costumbre nacional del garrotazo. Particularmente significativas fueron las intervenciones que la Santa Sede tuvo que hacer en España para rebajar el tono de crispación durante el gobierno de Rodríguez Zapatero. La actuación del entonces nuncio, el portugués Manuel Monteiro de Castro, y una visita del cardenal secretario de Estado, Tarsicio Bertone, echaron gaseosa al vino, rebajando la tensión que llegó a su punto culminante en el primer encuentro de las familias celebrado en Madrid, donde algunos cardenales atacaron con virulencia las leyes del gobierno.

En este sentido conviene destacar la presencia en Roma durante estos últimos años de los tres embajadores de España ante la Santa Sede, en el palacio de la plaza de Spagna, la legación más antigua ante el Vaticano. El nombramiento del exalcalde de La Coruña, el socialista y abiertamente católico, Francisco Vázquez, fue un gesto del gobierno para limar asperezas. Y así se hizo, siendo la embajada española una de las instituciones catalizadoras de las relaciones, especialmente con motivo de la masiva beatificación de los mártires de la persecución religiosa en España en la década de 1930, justo cuando el gobierno socialista estaba preparando la Ley de la Memoria Histórica en España en un afán revisionista que a algunos eclesiásticos les pareció revanchista. En aquel momento, el buen hacer del embajador Vázquez fue valorado, así como otras muchas actuaciones posteriores en temas que requerían consenso. Por aquellos días, el gobierno socialista, ante la imposibilidad de abrir cauces de diálogo y puentes de entendimiento en Madrid, prefirió hacerlo en Roma. La visita de Rodríguez Zapatero al Papa y las gestiones de la entonces vicepresidenta del gobierno junto con otros ministros como Moratinos, ayudó a suavizar las relaciones, que, por otra parte, en España también se suavizaron cuando el cardenal Rouco entendió que para preparar la Jornada Mundial de la Juventud con éxito se necesitaba no solo el apoyo de la Banca y del Ibex 35, sino también el concurso del muy ateo y laicista gobierno Zapatero. Tras el paso de Vázquez por la embajada vaticana, llegó una nueva embajadora de carrera diplomática, María Jesús Figa, que continuó la tarea de su sucesor abriendo la casa a las sensibilidades españolas en la Ciudad Eterna y prestando particular atención a los muchos religiosos y religiosas españoles en Roma. El actual embajador, Sáenz de Buruaga, del núcleo ideológico del expresidente Aznar, intenta seguir esa senda, aunque la falta de una idea clara en cuanto a la política vaticana por parte del gobierno de Rajoy le dificultan la misión.

«A la Iglesia le es más fácil entenderse con un gobierno socialista. Al menos sabemos lo que piensa de ella. Además, los pactos con ellos son más duraderos. Sin embargo, es más complicado entenderse con un gobierno conservador del que forman parte miembros con visiones muy distintas de Iglesia». Esto me decía recientemente un destacado político cercano a las esferas del poder. Los viejos enfrentamientos entre Rajoy y el cardenal Rouco sobre la presencia del locutor Jiménez Losantos en la cadena de radio de los obispos, la COPE, fueron motivo de enfrentamiento, como por otra parte lo había sido de su antecesor Zapatero e incluso, en el seno de la Iglesia, con el propio cardenal Cañizares, favorable a la salida del locutor turolense de las ondas de la Iglesia. Un asunto sobre el que aún queda mucho que contar y que situó a la Iglesia en el centro de la vida política con sus consecuencias deplorables. Cada mañana la radio de los obispos se despachaba contra el rey, el presidente del gobierno, el nuncio del Papa y el cardenal de Barcelona. Era la guerra en la propia casa, mientras el cardenal Rouco callaba. El libro *Destitución* de quien fuera director de ABC, José Antonio Zarzalejos, hace un análisis detallado de aquellos días tristes.

Y con el gobierno del PP, las relaciones son casi nulas. Mientras escribo este texto, Rouco no ha mantenido aún un encuentro con el presidente Rajoy, atareado con los temas relacionados con la crisis económica. No sucedió lo mismo con el antecesor, que recibió al cardenal al poco tiempo en la Moncloa. El presidente Rajoy prefirió antes entrevistarse con el Papa, entrevista que, por otra parte, tenía previsto realizar pero que quedó cancelada por la renuncia de Ratzinger. Pocos conocían la fecha; solo el diario *La Razón*, que tenía prevista una entrevista con el cardenal Bertone para esos días. El periódico madrileño tiene en Roma un aliado poderoso, el cardenal Cañizares, que logró insertar el periódico del Papa en la edición dominical, con el consiguiente disgusto tanto del nuncio como del cardenal Rouco, que no fueron consultados. Suspendida la entrevista, el gobierno popular mantiene una política de perfil bajo con la Iglesia, procurando no molestar, negociando temas relacionados con el nombramiento de profesores de religión y otros aspectos en el campo de la enseñanza. La Iglesia también ha preferido no volver a la carga pidiendo la derogación de algunas leyes como la última reforma en la Ley del Aborto o la Ley de Matrimonios de Personas del Mismo Sexo. Ignorancia mutua, no agresión y un *laissez faire* inaudito.

CUANDO SE AFINARON LAS ALIANZAS

Yo mismo en la revista *Vida Nueva* dije en octubre de 2010 refiriéndome a la situación de la Iglesia con el gobierno Zapatero: «Eran los *Idus de Marzo* de 2010, días tan propicios a Zapatero y tan propicios a los obispos, que siempre eligen en marzo. Arreciaba el debate sobre la nueva ley del aborto. Contundente manifestación callejera sin obispos. Prudencia. Rebelión a bordo en el PSOE. En el PP, viéndolas venir, desde la barrera. Los nacionalistas buscando bocado. El presidente del Parlamento, José Bono, católico confeso, entre bambalinas tejiendo matices, diciendo que el aborto no es un derecho y exhibiendo un texto comprometedor de Ratzinger. Contestan desde Añastro matizando. Hay que reducir los abortos. Movimientos internos en los docentes católicos de bioética. El mal menor. No es cirugía estética, sino interna. En la operación se estaban tocando partes vitales. Mesura y racionalidad. Defensa de la objeción de conciencia. Pacto con el PNV para incluir la prevención de abortos desde una sexualidad responsable. Se van sumando matices. Es la política de la *finezza*, tan desterrada en algunos foros, tanto políticos como eclesiásticos, hispanos. Respuestas airadas del sector de la ministra Bibiana Aído. Terminales mediáticas nerviosas que azuzan y acusan a Zapatero de claudicar ante la Iglesia. Su imagen europea de "gran laicista" se deteriora. Zapatero en el laberinto. Fernández de la Vega conduce con luz corta y afeites de agenda. Rellena agenda, pero no pone luz larga a los proyectos. La crisis económica mueve el suelo. ¡Esto se hunde! Reunión en Ferraz. Golpe en la mesa. Hay que dejar a los curas tranquilos. Salir de la crisis es lo primero. No un nuevo frente. Con la Iglesia hemos topado.

»En pleno debate, el 2 de marzo, el Vaticano anuncia el deseo del Papa de venir a España. Sorpresa por doquier. Cambio de agenda gubernamental. La consagración del templo de la Sagrada Familia en Barcelona, excusa perfecta para esta segunda visita que se fraguó en tres escenarios: la red catalana en Roma, la embajada de España cerca de la Santa Sede y algún que otro personaje cercano al encuentro que el Papa mantuvo con los artistas en noviembre. El camino de la Belleza. *Via Pulchritudinis*. Después llegó Santiago de Compostela. Una visita exclusiva a Cataluña justo antes de las elecciones autonómicas hubiera sido un gesto muy descarado. Año Santo. Paco Vázquez, "el embajador del Vaticano en España", como lo llama el rey, se apunta un tanto: Bono hace una visita privada a Roma en el puente de san José. Cenas entre púrpuras. El cardenal Cañizares no pierde comba. El mentor del famoso y fallido documento sobre la unidad de España como bien moral apoya el viaje a la periferia. Madrid está en otra órbita, con la mirada puesta en la Jornada Mundial de la Juventud de 2011. Hay que ponerse las pilas. Cañizares y Cataluña. Lara y Planeta, viejas amistades. *La Razón* y *L'Osservatore*. El cardenal ya tiene un periódico. Periferia al servicio del Papa.

»Y vino la calma: visita del presidente al Vaticano en junio, freno a la descafeinada Ley de Libertad Religiosa, elogio a las iniciativas sociales de la Iglesia, apoyo logístico a la Jornada Mundial de la Juventud de Madrid. Cambio ministerial en octubre. Fuera Bibiana y su cohorte. Jáuregi, un nuevo Irujo trabando Iglesia-Estado. Rubalcaba rebajando tensión. En Cataluña elecciones a la vista. Recuperar el electorado católico. Montilla en Cataluña, Blanco en Galicia. Vázquez desde Roma urdiendo fidelidades. Sonrisa de Bertone. Bancada socialista en Barcelona y popular en Galicia. Zapatero huye. Un nuevo mapa se dibuja».

CATALUÑA PIDE SU VOZ

En Roma también hay otras voces. Cataluña ha buscado puertas distintas. El puente Roma-Barcelona ha estado más transitado que el puente Barcelona-Madrid. Las divergencias entre los dos cardenales son manifiestas. En el episcopado español hay cierta tendencia a criticar el fenómeno catalán. Yo mismo escribí entonces este texto que recojo ahora para mostrar el mapa que el nuevo Papa encontrará en España: «El eje Roma-Madrid ha marcado el ritmo de la Iglesia española en los últimos treinta años. Ahora lo comparte con otro eje: Barcelona-Madrid. La visita del Papa a una Cataluña "descristianizada", según algunas encuestas discutibles, pareció conveniente. La ocasión la brindó la consagración del templo de la Sagrada Familia, un claro símbolo de religiosidad en una tierra secularizada. De sus entrañas nació este templo, que se empezó a construir en 1882 en el Ensanche barcelonés por el arquitecto Villar. Un ayudante suyo, Antoni Gaudí, retomaría el proyecto, aportándole su propia visión espiritual y dedicándole los quince últimos años de su vida. El Papa conocía esta obra y su entramado simbólico. Construir una catedral en la Edad Media era cosa común (la odisea de *Los pilares de la tierra*, de Ken Follet o *La catedral del mar*, de Falcones), pero hacerlo en estos tiempos es algo extraordinario que merecería ser novelado».

En el corazón de Barcelona, ciudad de los prodigios, el Papa levantó su voz para reivindicar el «camino de la belleza» para conocer la Verdad de Dios. «El Papa visitará Cataluña», decían los titulares de prensa nada más conocerse la noticia. Los titulares cambiaron sustancialmente. No es que el Papa visitara, sino que Barcelona lo recibía: «Cataluña recibirá al Papa». Con austeridad, pero con dignidad. Lo hizo en plena campaña electoral. Los políticos no perdieron ocasión para meter al Papa en campaña. El calendario vaticano sigue pesando en las agendas políticas y eclesiales. Y es que, pese a los agoreros de desdichas, la voz de Roma tiene peso en Europa. Tan es así, que a Barcelona fue el rey y Rodríguez Zapatero, y el Papa almorzó allí con todos los obispos españoles. Geopolítica también en la Iglesia.

Hubo quien lo vio desde el prisma catalanista, como sucedió en la única visita que Juan Pablo II realizó en 1982, también un 7 de noviembre. Veintiocho años después, Benedicto XVI habló en catalán más que su predecesor, un gesto suficiente para meterse en el bolsillo a la vieja Marca Hispana que ha hecho de la lengua su principal caballo de batalla. Unos días antes, el Papa saludaba al obispo de Lleida, Joan Piris, y le decía: «Nos vemos próximamente en Cataluña». Cataluña está en el subconsciente del pontífice.

Ajustada la visita, Galicia, en pleno año compostelano, se movió para que también el Papa peregrinara a Santiago de Compostela. El embajador Francisco Vázquez movió sus hi-

los, buscando un broche de oro a su estadía en el palacio de
la plaza de Spagna. Con oficios de buen alcalde, encontró
complicidad en el arzobispo de Madrid, cual buen párroco.
Funcionó el tándem y ambos se convirtieron en los muñidores de la agenda gallega del Papa. Una buena ocasión para
que hablara de Europa, de sus raíces cristianas, el viejo sueño
de Ratzinger. En Galicia hubo un mensaje universal, profundo, lleno de esperanza. Galicia se mereció este detalle de un
Papa que siempre quiso conocer Santiago de Compostela,
aunque nunca tuvo la ocasión de ir.

LA JORNADA MUNDIAL DE LA JUVENTUD Y MADRID

Llegó la visita del Papa a Madrid. Era el año 2011, el «año de
las revueltas juveniles». *Youth Riots* que conforman la geopolítica mundial hoy: Revolución de los Jazmines en el Magreb,
con epicentro en la plaza Tahrir de El Cairo. En Siria, los jóvenes gritaron contra Al-Assad y en Israel, judíos, árabes y
cristianos (¡oh, prodigio!) arremetieron contra la subida de
precios. Las caceroladas en Santiago de Chile recordaron el
asalto al palacio de la Moneda, y en Madrid, el Movimiento
15-M, con parada en Sol, soliviantó el ritmo de una sociedad
zarandeada por la crisis económica y política. En Tottenham,
Londres, treinta y cinco años después se evocó el *London's
Burning* del grupo The Clash. Oleadas violentas en Manches-
ter y Liverpool pusieron contra las cuerdas a los *bobbies* in-
gleses. Aún resuenan ecos de los brotes de violencia juvenil en
la *banlieue* parisina en 2005 y asoman disturbios en Alemania. Twitter y otras redes sociales ocultas, como el famoso
BBM, alentaron el cotarro con alaridos de guerra. Sirenas de
alerta. Releo *¡Indignaos!*, de Hessel: «Cuando alguien te
atropella, la gente se vuelve militante, fuerte, comprometi-
da». ¿Quién es el atropellado?, me pregunto.

Sigue la *Youth Revolution*. Sartre *dixit*: «La esperanza siempre ha sido una de las fuerzas más grandes de las revoluciones [...]. La violencia se opone a la esperanza. Es necesario preferir la esperanza. No debemos permitir que se acumule demasiado odio». El odio asoma en las imágenes. «¿Qué está fallando?», decía el londinense *The Times*. *The Guardian* se cuestionaba: «¿En qué nos hemos equivocado?», y el semanario católico *The Tablet* decía en portada: «¿Qué es lo que falla?».

En este escenario se celebra la Jornada Mundial de la Juventud en 2011, en Madrid 2011. Una oleada juvenil distinta, pero también revolucionaria a su modo.

Al bajar del avión en la T4 de Barajas, Benedicto XVI dijo: «Esta jornada nos trae un mensaje de esperanza, como una brisa de aire puro y juvenil, con aromas renovadores que nos llenan de confianza ante el mañana de la Iglesia y del mundo». Lo escuchaban jóvenes de casi doscientos países, llegados para celebrar lo que ya se ha dado en llamar «Catholic Youth Pride», el orgullo de ser jóvenes católicos. El Papa lo recordó: «Vuelvo a deciros con todas las fuerzas de mi corazón: que nada ni nadie os quite la paz; no os avergoncéis del Señor».

Y lo hicieron cantando alegres, rezando silenciosos, compartiendo sus experiencias abiertamente. El Papa se sumó a su alegría. Vino a confirmarlos en la fe. Con orgullo y sin prejuicio. Rebeldes con la tiranía; orgullosos de su fe. Jóvenes de Sudán o Irak saltaban por las calles. Nunca hubieran podido hacerlo en sus países. Aplausos al cruzarse los grupos de diversos países. Los unía la cruz que llevaban en la mochila o colgando del cuello más que las banderas multicolores que ondeaban.

Las terrazas estaban llenas. «Gente educada, muy educada», decían los camareros. Eran jóvenes de clases medias, del montón, ni *yuppies*, ni pijos, ni beatos, ni santurrones:

jóvenes de barrio y de ciudad; de pueblos y aldeas; de China o de la Patagonia. Había supervivientes de la masacre noruega y otros que llegaban de la Libia en guerra. Parques a rebosar, aceras ocupadas. La economía madrileña haciendo su agosto. El Samur, extrañado de que entre los atendidos no hubiera comas etílicos. Agua, sombreros, gorras, vaporizadores, fuentes y sombrillas para desafiar el tórrido sol agosteño.

El Retiro, un oasis. Allí, la carpa con la reserva eucarística, *Adoremus*. Al lado, Capacitados para el Amor, la carpa de los discapacitados. Al otro lado, la zona de confesionarios, no lejos de la única estatua dedicada al diablo en Europa, *El Ángel Caído*. Impresionante silencio, roto solo por la música de las casetas de la Feria Vocacional, tan llena, tan viva, tan olvidada por algunos, pese a su riqueza.

La Gran Vía, un río multicolor. Religiosas de Taiwán con jóvenes de Perú; clérigos de Nigeria con adolescentes francesas. La Gran Vía nunca duerme. «La Gran Vía es Nueva York», decía Iliá Ehrenburg. Si querían verla vacía, no había nada más que asomarse a la exposición de Antonio López en el Thyssen, muy visitada estos días. Escenario distinto para una revolución juvenil distinta. No se veían fotos del Che Guevara o de Camilo Torres. No era *El libro rojo* de Mao el que guardaban, sino el *You Cat*. No hubo fanzines, dazibaos, pancartas ni barricadas. Era la juventud del Papa. Tan solo protestas grotescas, con tufo obsoleto, calentadas por cristianos enredados y a su bola con estribillos ya muy rancios. No acierto a ver, por mucho que me esfuerzo, qué mal hacen estos chicos a gentes tan defensoras de la tolerancia y la no violencia.

Obispos alucinando. Qué hacer cuando volvamos. Sociólogos atentos; ateos cabreados; fuerzas del orden público entregadas; políticos oportunistas; voluntarios por doquier con sus camisetas verdes; cinco mil periodistas asombrados; canciones, muchas canciones; alegría, mucha alegría. Un vía crucis estremecedor y jóvenes de toda España anotando en sus agendas estos días históricos. Ni Madrid esperaba esta imagen tan propicia a la candidatura de los juegos olímpicos. *Yes, we can. Love Revolution.* Mucha propuesta; ninguna condena en las palabras del Papa. *Herr Professor* Ratzinger bebió en su juventud de aquella «literatura de los escombros», de la que emergió la esperanza en una Alemania destrozada por el fanatismo. Era joven y buscaba esperanza. No ha reñido a los jóvenes. No ha evocado al Leviatán, ni al Gran Dragón chino, ni a la pérfida Babilonia.

Lamentable el discurso apocalíptico, un verso suelto, pero preocupante, de Kiko Argüello en el desafortunado acto, al día siguiente de la visita papal, en el mismo escenario. ¡Quiso corregir al Papa! El viejo Ratzinger les explicó las armas de la *Love Revolution*: «La gracia de Cristo derrumba los muros y franquea las fronteras que el pecado levanta entre los pueblos y las generaciones, para hacer de todos los hombres una sola familia».

Decía aquella vieja pintada en el Odeón: «La novedad es revolucionaria; la verdad, también». Búsqueda, propuesta y defensa de la verdad. Es esta la raíz de la revolución cristiana que estos jóvenes ofrecen en el escenario del mundo hoy.

ESPAÑOLES QUE INFORMARÁN AL NUEVO PAPA

Veamos ahora cuál es el mapa de españoles en Roma. Es importante saberlo para poder entender muchas de las actuaciones del Vaticano en España y cuál es la geografía humana que se encuentra el sucesor de Ratzinger, las personas a través de las que le va a llegar toda la información de nuestro país en primera instancia. Es importante conocer quiénes serán los informadores de España ante el nuevo pontífice. Sirva a beneficio de inventario este artículo firmado por el periodista José Ramón Navarro en la revista *Vida Nueva*: «La presencia de la Iglesia católica en la curia romana nunca ha dejado de ser significativa, aun cuando el peso fundamental haya recaído, según el momento histórico, en clérigos italianos, franceses o alemanes. También a lo largo de este pontificado se ha ido consolidando un importante grupo de españoles en el gobierno de la Santa Sede. Una circunstancia que, además de la especial predilección que Benedicto XVI ha tenido hacia nuestro país, se debe a la importancia histórica de la Iglesia española, que aunque ahora esté en retroceso, siempre ha sido puente hacia América Latina, el continente que agrupa a un mayor número de católicos. Además, en la Santa Sede siempre se ha valorado la alta preparación del clero español, que suele completar sus estudios en Roma, por lo que, desde muy jóvenes tienen contacto con la maquinaria vaticana. De esta forma, el nuevo pontífice se va a encontrar con casi una cincuentena de españoles que, como afirmó recientemente uno de ellos con humildad, son "el aceite del engranaje" que mueve la Santa Sede».

Paradójicamente, el curial español que más protagonismo está teniendo en esta transición de papado es un cardenal jubilado. Con ochenta y dos años, el prefecto emérito de la congregación para los textos legislativos, el cordobés Julián Herranz, ni siquiera entrará en la Capilla Sixtina. Sin embargo, su amplio conocimiento de la curia, con la que está vinculado desde 1983, el respeto ganado en su labor, sobre todo en los últimos años de pontificado de Juan Pablo II y la amistad que le une desde hace años con Joseph Ratzinger, hizo que este le encargara, junto a los también jubilados Jozef Tomko y Salvatore de Giorgi, indagar en la fuga de documentos reservados de las dependencias papales. Fruto de esa investigación es un informe de más de trescientos folios que Benedicto XVI ha decidido mantener bajo secreto hasta la llegada de su sucesor, por lo que Julián Herranz será, casi con toda seguridad, uno de los primeros en entrevistarse con el nuevo Papa.

Herranz, miembro del Opus Dei desde 1949 —vivió más de veinte años junto al fundador, Josemaría Escrivá de Balaguer— estudió Psiquiatría antes de graduarse en Derecho Canónico en Roma. Sobrio, discreto y muy disciplinado, con una comedida socarronería, a pesar de estar jubilado, sigue teniendo peso en la estructura vaticana. Lo mismo que ocurre con el cardenal Santos Abril, uno de los curiales españoles —en su caso bregado en la carrera diplomática— que estará presente en el cónclave. Turolense, de setenta y siete años, tras ser nuncio en ocho países, es ahora arcipreste de la basílica romana de Santa María la Mayor.

Junto a Herranz, el cardenal con una mayor responsabilidad en la curia romana es el valenciano Antonio Cañizares, de Utiel. En diciembre de 2008, Benedicto XVI —con quien le une una estrecha amistad desde los tiempos en que era responsable de la Comisión de Doctrina de la Fe en España— le nombró prefecto de la Congregación para el Culto Divino y Disciplina de los Sacramentos. Dos años antes lo había nombrado cardenal. En estos años, Cañizares ha hecho de su fidelidad al Papa su mayor virtud. Con la llegada del nuevo Papa, su futuro parece más vinculado a España —con la que no ha perdido contacto en estos años en Roma— que a la curia. Con sesenta y siete años, el periodo de gracia con el que el nuevo pontífice suele renovar a los curiales expirará justo en el momento en que se plantee la sucesión episcopal en Madrid y Barcelona, por lo que su nombre estará de forma constante en las quinielas para estas sedes, aunque para la catalana tenga más dificultad al no dominar la lengua local.

El cardenal Cañizares, que domina mejor las cuestiones doctrinales que las litúrgicas, no tardó en llevarse al Vaticano al que fuera su más directo colaborador en la diócesis de To-

ledo. Juan Miguel Ferrer era vicario general y ecóno-
mo de la diócesis de Toledo, pero su formación sacerdotal se
había complementado con el doctorado en Sagrada Liturgia
por el Pontificio Instituto San Anselmo de Roma. Ahora,
como subsecretario de la congregación, recae sobre él la aplicación de las normas litúrgicas, sobre todo en los países de
lengua hispana.

La discreción hace que el jesuita Luis Ladaria sea uno de
los curiales españoles de los que menos se habla, a pesar de la
importancia del cargo que ocupa: es secretario de la Congregación para la Doctrina de la Fe, un cargo en el que ha tenido
ilustres predecesores como el actual secretario de Estado,
quien, precisamente, le consagró obispo en 2008. Equilibra-
do —sus escritos de teología son calificados como conservadores por los progresistas pero heterodoxos por los más ul-
tras—, como número dos del dicasterio, este oriundo de
Manacor de sesenta y ocho años, ha huido del protagonismo
y ha primado el diálogo a la confrontación. Su trayectoria,
muy paralela a la de Ratzinger —pues pasó del mundo universitario a la curia—, no parece que vaya a agotarse en su
actual responsabilidad.

En la misma responsabilidad que Ladaria, pero en la Congregación del Clero, se encuentra otro español, el riojano
Celso Morga. Vinculado espiritualmente al Opus Dei —pertenece a la Fraternidad Sacerdotal de la Santa Cruz—, su
carrera eclesiástica ha estado siempre muy vinculada al servicio de los sacerdotes, primero como vicario judicial en su
diócesis y luego como juez del Tribunal Eclesiástico en Cór-
doba (Argentina). Desde 1987 trabaja en la Congregación
del Clero de la que fue jefe de sección y subsecretario, hasta
que en 2009 fue nombrado para su cargo actual, desde el que
afronta uno de los principales problemas de la Iglesia actual,
la escasez de vocaciones en Occidente.

Juan Ignacio Arrieta es otro de los hombres fuertes de la

Iglesia española en el Vaticano. Miembro del Opus Dei, fue nombrado secretario del Pontificio Consejo de los Textos Legislativos en febrero de 2007, a la par que se nombraba como presidente al cardenal Coccopalmerio, sucesor de Julián Herranz. Doctorado en Derecho Canónico por la Universidad de Navarra, este vitoriano de sesenta y dos años tiene como encargo adecuar el derecho eclesiástico a las «exigencias sociales» de una Iglesia incardinada en las diferentes culturas. Fiel defensor del derecho canónico «como un instrumento ordinario en la labor del gobierno» de las diócesis, propugna su firme aplicación, «con el fin de evitar el escándalo, proteger a los fieles, recuperar al delincuente y restablecer el orden de la justicia».

En elenco de curiales españoles vinculados al Opus Dei lo completa el riojano, aunque sacerdote de la diócesis de Astorga, Lucio Vallejo, que también pertenece a la Fraternidad Sacerdotal de la Santa Cruz. Llegó a la Santa Sede hace apenas dos años como secretario de la Prefectura de Asuntos Económicos. Con cincuenta y un años, le avalaban su gestión de más de dos décadas al frente de la economía de la diócesis de Astorga y su colaboración en la financiación de la Jornada Mundial de la Juventud en Madrid. En sus manos está obrar el «milagro» de sacar adelante las cuentas de una institución a la que también acosa la crisis mundial. Su cargo y los recientes cambios en las finanzas vaticana lo sitúan cerca del secretario de Estado.

También vinculados a la Secretaría de Estado aparecen los sacerdotes españoles que, por razón de su cargo, trabajan en este organismo vaticano encargado de las relaciones exteriores. Entre ellos, el jienense Fernando Chica es el jefe de la sección en lengua española, por lo que ha estado cerca del pontífice en sus viajes a nuestro país. Formado en la carrera diplomática, ejerce su labor con firmeza y discreción.

Además, la presencia de españoles en los engranajes vaticanos se completa con Carlos Simón, subsecretario del Pontificio Consejo para la Familia; Francisco Froján, en la Secretaría de Estado; Alejandro Cifres, director del Archivo Histórico de la Doctrina de la Fe; Melchor Sánchez de Toca, subsecretario del Pontificio Consejo de la Cultura; José Manuel Del Río, subsecretario de Bienes Culturales; Segundo Tejado Muñoz, Subsecretario Pontificio Consejo «Cor Unum»; Juan Manuel Sierra, oficial de la Congregación para el Culto Divino; Francisco Pérez, oficial de la Congregación para la Doctrina de la Fe; Alfredo Simón, relator de la Congregación para las Causas de los Santos; Alberto José González, oficial de la Congregación para los Obispos; Alejandro Arellano, auditor del Tribunal de la Rota Romana; Felipe Heredia, auditor del Tribunal de la Rota Romana; Luis Manuel Cuña, archivero de la Evangelización de los Pueblos; Aitor Jiménez, oficial de la Congregación para la Vida Consagrada; Cristóbal Robledo, oficial de la Congregación de la Educación; y José Brosel, oficial del Pontificio Consejo de Itinerantes.

España ha sido un país que ha preocupado al pontífice emérito, particularmente todo lo relacionado con lo que se ha llamado «laicismo agresivo». Si hay algo que inquietaba a Ratzinger era que este país se convirtiera en un laboratorio de leyes que pudieran exportarse a otros lugares, especialmente a los países de América Latina, y sus consecuencias en el resto de Europa. La modificación de la Ley del Aborto, la Ley del Matrimonio entre Personas del Mismo Sexo, la regularización de la eutanasia, la Ley de Libertad Religiosa y otras cuestiones que supusieran una merma en la libertad de la Iglesia al ejercicio de su labor, así como las leyes que no menoscababan la estabilidad del modelo católico de familia, preocupaban en Roma. El diagnóstico que le ha llegado al nuevo pontífice no es otro que el de algunos nuevos movimientos, como es el caso del Camino Neocatecumenal, cuyo responsable y fundador Kiko Argüello tenía, desde los años de Juan Pablo II, vía abierta a los Palacios Pontificios. Igualmente algunos personajes influyentes del Opus Dei, que si bien no comulgaban del todo con la forma en que los obispos españoles afrontaban los problemas, sin embargo, coincidían con el diagnóstico. El cuadro que Ratzinger conocía de España no era muy positivo. Las informaciones llegaban por vías únicas, pese a que en Roma existe un número considerable de obispos, sacerdotes, religiosos y laicos que difieren de ese diagnóstico. Y aunque exista cierta coincidencia en la valoración, no ocurre lo mismo con el tratamiento y la forma de curar al enfermo.

ESPAÑA, UN DOLOR DE CABEZA

La situación de España como país puente con América Latina agudizaba la preocupación. Desconocía el pontífice el olvido que en los últimos años se ha hecho de aquellos países por parte de un sector jerárquico de la Iglesia española, que en otros años había fomentado la colaboración y el mutuo entendimiento, pero que en los últimos años había conducido a una situación de ignorancia mutua, solo amortiguada por los muchos misioneros, misioneras y cristianos comprometidos que siguen estrechando lazos. Roma suponía una correa de transmisión en la cúpula de la Iglesia española que no existía en la realidad. Eran puentes de humo que habían sido dinamitados en los años en los que influyentes cardenales como López Trujillo y Darío Castrillón, colombianos en Roma en importantes dicasterios como Familia y Clero, habían preferido ser los únicos intermediarios. Tan solo los oficios mediadores se pudieron hacer con Cuba y en los últimos años. En el resto de los países la ignorancia fue cada vez mayor. Las relaciones de la Conferencia Episcopal Española con el CELAM no existen. Son muchos los obispos y arzobispos latinoamericanos que estudiaron en España, recibieron ayuda económica y material de nuestro país y tuvieron a nuestra Iglesia como referencia, y que sin embargo hoy se sienten ninguneados. Incluso los cardenales de América Latina echan en falta la conexión. Uno de ellos me decía: «Si se hubiera fomentado la relación con los cardenales españoles y se hubieran aglutinado intereses de las iglesias de habla hispana, hasta hubiéramos apoyado el nombramiento de un Papa latinoamericano, o español…», me decía sonriendo y pensando los dos en el mismo nombre, pero ya es tarde, muy tarde. En los puentes no quedan crujías.

EL TODOPODEROSO CARDENAL ROUCO

El diagnóstico en Roma está servido, aunque Ratzinger tenía sus propias dudas. Poco a poco han ido entrando a la curia vaticana nuevos nombres. El conocimiento de España no solo llegaría a través del cardenal arzobispo de Madrid, viejo conocido del pontífice por su común trabajo teológico y por el amor del cardenal madrileño a la cultura y lengua alemanas. El cardenal Rouco logró pertenecer a numerosas comisiones curiales como miembro activo y cultivar una red de relaciones vaticanas que le servían de altavoz de su propia visión del país, especialmente con el cardenal Re, prefecto de la congregación y encargado del nombramiento de obispos. Ante el declive del cardenal Martínez Somalo, fue el cardenal madrileño quien tomó las riendas en los últimos años de Juan Pablo II y siguió con Ratzinger, de quien había sido «gran elector» en el cónclave. La voz de Rouco era cada vez más escuchada, conforme decaía el cardenal riojano, hombre fuertemente conservador, colaborador cercano de Wojtyła, invitado asiduo a la mesa y con un buen grado de amistad personal con el pontífice y fontanero del programa de Juan Pablo II en Barcelona, aunque receloso con Cataluña. Había ejercido buenos oficios en el cambio de rumbo de la Iglesia española al comienzo de la década de 1980, cuando una nueva hoja de ruta se trazó en la geografía eclesiástica española. Con la llegada de Ratzinger, las vías de comunicación cambiaron. Rouco tomó las riendas hasta la llegada del cardenal Cañizares a Roma, se nombró al arzobispo jesuita Ladaria como secretario de la Congregación para la Doctrina de la Fe, y el nuevo cardenal Monteiro de Castro, nuncio en España, con quien mantuvo desavenencias públicas hasta el punto de asegurar el propio nuncio que él hacía el trabajo en la sede de la nunciatura de Pío XII, pero que era en Bailén donde se decidía.

El cardenal Rouco ha sido el continuador de la hoja de ruta que comenzó a fraguarse en la década de 1980. Eran los últimos días de octubre de 1982 cuando Juan Pablo II comenzaba su visita apostólica a España. Un periplo intenso que lo llevó a muchas ciudades del país. Unos días antes, el 28 de octubre, los españoles votaron de forma mayoritaria un socialismo moderno, que se había quitado el apellido de marxista y que se asemejaba más a la socialdemocracia europea. Fue desalojada la UCD del poder, que había cumplido su misión de transición. El partido de partidos que liderara Adolfo Suárez, entró en el principio del fin. El PSOE comenzó su recorrido en un país que había hecho una transición modélica, a la que no había sido ajena la Iglesia, ni las fuerzas políticas de la izquierda y la derecha. Y pese a estar continuamente zarandeado por dos graves problemas, el terrorismo y el desempleo, buscaba una nueva imagen, un nuevo diseño de futuro. España entró en la recta final del siglo XX con perspectivas europeas. Los fantasmas de la Guerra Civil, los años de la dictadura franquista con vencedores y vencidos, eran superados. La Iglesia había cumplido el papel mediador y pacificador que no supo desempeñar en los años de la contienda civil. Un panel de obispos, sacerdotes y laicos fueron los protagonistas, alentados por tres figuras claves: el papa Pablo VI, poco amigo del régimen anterior y que forzó un giro importante en la Iglesia española, ayudado por el nuncio Dadaglio y por el entonces cardenal arzobispo de Madrid, Vicente Enrique y Tarancón. Un trípode que ayudó a trazar una geografía episcopal que se pudiera calificar de conciliar, abierta, que había superado el binomio de las dos Españas, empeñada en una pastoral abierta, con tintes conciliares. La negativa de los obispos a participar apoyando cualquier atisbo de grupo político con el nombre de cristiano, ayudó a esa reconciliación. La Iglesia estaba por encima de la política y su programa de actuaciones estaba más allá de cualquier programa de los muchos que en aquellos días agitaban las aguas españolas.

Pablo VI murió el mismo año en el que los españoles votaron la primera constitución democrática desde la guerra. El sucesor mostró su deseo de visitar España con motivo del centenario de la muerte de Teresa de Jesús. Hubo que retrasarlo por el atentado. Y llegó coincidiendo con la llegada de los socialistas, en 1982. Ya era presidente de los obispos, el arzobispo de Oviedo, Gabino Díaz Merchán, y al arzobispo de Madrid le quedaba poco para presentar la renuncia. No tardarían en aceptarla en Roma, porque ya durante un almuerzo en Santiago de Compostela, el papa Wojtyła diseñó un nuevo mapa, un cambio de rumbo. No podía permitir que en España, la tierra de su admirado Juan de la Cruz, pasara lo que en su Polonia natal. Había que intervenir. En Santiago de Compostela se levantó el nuevo trípode: Juan Pablo II, el nuncio Tagliaferri, que llegaría después, y el cardenal santiagueño, Ángel Suquía, que pasaría a Madrid. Todo ello cocinado por el cardenal Martínez Somalo. El entonces obispo auxiliar, Rouco Varela pasó a ser arzobispo compostelano hasta que, pasado el tiempo, siguió la labor de Suquía en Madrid.

Las décadas de 1980 y 1990 fueron duras en muchos sentidos, un panorama nuevo y que se ha consolidado ahora. Es el mapa que encontrará el nuevo Papa en España donde se han metido en cintura a muchos teólogos, se ha arrinconado la vida religiosa con formas nuevas, aún discutidas, se han ido ahogando proyectos educativos, se han amordazado editoriales y publicaciones diversas, se ha dado carta blanca a los nuevos movimientos, se han apagado iniciativas progresistas y se han nombrado obispos dóciles a una estrategia madrileña más que a una estrategia pastoral. Un panorama gris, como indicábamos al comienzo del capítulo, que Benedicto XVI había señalado.

En Roma, no obstante, ven con buenos ojos los oficios del cardenal Rouco llevando a cabo la necesaria renovación de la Iglesia, creando estructuras laicales, creando centros para la seria formación de sacerdotes, elevando el nivel de los estudios teológicos, mostrando posturas claras ante el gobierno, proponiendo mano dura. Lejano en la oficialidad pero cercano y familiar en la corta distancia, el cardenal Rouco sabe establecer redes con las que trabajar en sus proyectos. No cabe duda que hoy por hoy, el nuevo Papa tendrá una información cumplida de la Iglesia española por boca del cardenal madrileño. Mientras tanto espera su retirada, como ha hecho Benedicto XVI. Una lección para muchos.

APÉNDICES

I

VIAJES DE BENEDICTO XVI*

VIAJES APOSTÓLICOS EN ITALIA

2005:

Bari (29 de mayo): visita pastoral con motivo de la clausura del XXIV Congreso Eucarístico Nacional.

2006:

Manoppello, Pescara (1 de septiembre): peregrinación al santuario de la Santa Faz de Manoppello.

Verona (19 de octubre): visita a Verona con motivo del IV Congreso Eclesial Nacional de la Iglesia italiana.

2007:

Vigevano y Pavía (21-22 de abril): visita pastoral.

Asís (17 de junio): visita pastoral con ocasión del VIII Centenario de la Conversión de San Francisco.

Loreto (1-2 de septiembre): visita pastoral con ocasión del Ágora de los Jóvenes Italianos.

Velletri (23 de septiembre): visita pastoral.

Nápoles (21 de octubre): visita pastoral.

2008:

Savona y Génova (17-18 de mayo): visita pastoral.

---

* Fuente: web oficial del Vaticano: <http://www.vatican.va/holy_father/benedict_xvi/index_sp.htm?openMenu=14>.

Santa Maria di Leuca y *Bríndisi* (14-15 de junio): visita pastoral.
Cagliari (7 de septiembre): visita pastoral.
Pontificio Santuario de Pompeya (19 de octubre): visita pastoral.

2009:
Visita a las zonas de *los Abruzos* afectadas por el terremoto (28 de abril).
Cassino y *Montecassino* (24 de mayo): visita pastoral.
San Giovanni Rotondo (21 de junio): visita pastoral.
Viterbo y *Bagnoregio* (6 de septiembre): visita pastoral.
Brescia y *Concesio* (8 de noviembre): visita pastoral.

2010:
Turín (2 de mayo): visita pastoral
Sulmona (4 de julio): visita pastoral.
Carpineto Romano (5 de septiembre): visita pastoral.
Palermo (3 de octubre): visita pastoral.

2011:
Aquilea y *Venecia* (7-8 de mayo): visita pastoral.
Diócesis de San Marino-Montefeltro (19 de junio): visita pastoral.
Ancona (11 de septiembre): visita pastoral para la clausura del XXV Congreso Eucarístico Nacional.
Lamezia Terme y *Serra San Bruno* (9 de octubre): visita pastoral.
Asís (27 de octubre): jornada de reflexión, diálogo y oración por la paz y la justicia en el mundo «Peregrinos de la verdad, peregrinos de la paz».

2012:
Arezzo, La Verna y *Sansepolcro* (13 de mayo): visita pastoral.
Archidiócesis de Milán (1-3 de junio): visita pastoral con ocasión del VII Encuentro Mundial de las Familias.
Visita a las zonas afectadas por el terremoto de *Emilia Romaña* (26 de junio).
Loreto (4 de octubre): visita pastoral con motivo del cincuenta aniversario del viaje de Juan XXIII.

VIAJES APOSTÓLICOS FUERA DE ITALIA

2005:

Alemania (18-21 de agosto): viaje apostólico a Colonia con motivo de la XX Jornada Mundial de la Juventud.

2006:

Polonia (25-28 de mayo): viaje apostólico.
España (8-9 de julio): viaje apostólico a Valencia con motivo del V Encuentro Mundial de las Familias.
Alemania (9-14 de septiembre): viaje apostólico a Múnich, Altötting y Ratisbona.
Turquía (28 de noviembre-1 de diciembre): viaje apostólico.

2007:

Brasil (9-14 de mayo): viaje apostólico con motivo de la V Conferencia General del Episcopado Latinoamericano y del Caribe.
Austria (7-9 de septiembre): viaje apostólico con ocasión del 850 aniversario de la fundación del Santuario de Mariazell.

2008:

Estados Unidos y ONU (15-21 de abril): viaje apostólico a Estados Unidos y visita a la sede de la ONU.
Australia (12-21 de julio): viaje apostólico a Sídney con ocasión de la XXIII Jornada Mundial de la Juventud.
Francia (12-15 de septiembre): viaje apostólico con motivo del ciento cincuenta aniversario de las apariciones de Lourdes.

2009:

Camerún y Angola (17-23 de marzo): viaje apostólico.
Tierra Santa (8-15 de mayo): peregrinación a Tierra Santa.
República Checa (26-28 de septiembre): viaje apostólico.

2010:

Malta (17-18 de abril): viaje apostólico.
Portugal (11-14 de mayo): viaje apostólico en el décimo aniversa-

rio de la beatificación de Jacinta y Francisco, los pastorcillos de Fátima.

Chipre (4-6 de junio): viaje apostólico.

Reino Unido (16-19 de septiembre): viaje apostólico.

España (6-7 de noviembre): viaje apostólico a Santiago de Compostela y Barcelona.

2011:

Croacia (4-5 de junio): viaje apostólico con motivo de la jornada nacional de las familias católicas croatas.

España (18-21 de agosto): viaje apostólico a Madrid con motivo de la XXVI Jornada Mundial de la Juventud.

Alemania (22-25 de septiembre): viaje apostólico.

Benín (18-20 de noviembre): viaje apostólico con ocasión de la firma y publicación de la Exhortación Apostólica Postsinodal de la Segunda Asamblea Especial para África del Sínodo de los Obispos.

2012:

México y *Cuba* (23-29 de marzo): viaje apostólico.

Líbano (14-16 de septiembre): viaje apostólico con motivo de la firma y publicación de la Exhortación Apostólica Postsinodal de la Asamblea Especial para Oriente Medio del Sínodo de los Obispos.

LISTA DE PAPAS

PRIMER MILENIO

Siglo I

Siglo II

APÉNDICE 2

Siglo III

16	San Calixto I	217 - 222
17	San Urbano I	222 - 230
18	San Ponciano	230 - 235
19	San Antero	235 - 236
20	San Fabiano	236 - 250
21	San Cornelio	251 - 253
Antipapa	Novaciano	251 - 258
22	San Lucio I	253 - 254
23	San Esteban I	254 - 257
24	San Sixto II	257 - 258
25	San Dionisio	259 - 268
26	San Félix I	269 - 274
27	San Eutiquiano	275 - 283
28	San Cayo	283 - 296
29	San Marcelino	296 - 304

Siglo IV

30	San Marcelo I	308 - 309
31	San Eusebio	309 - 310
32	San Melquíades	311 - 314
33	San Silvestre I	314 - 335
34	San Marcos	336
35	San Julio I	337 - 352
36	San Liberio	352 - 366
Antipapa	Félix II	355 - 365
37	San Dámaso I	366 - 384
Antipapa	Ursino	366 - 367
38	San Siricio	384 - 399
39	San Anastasio I	399 - 401

Siglo v

40	San Inocencio I	401 - 417
41	San Zósimo	417 - 418
42	San Bonifacio I	418 - 422
Antipapa	Eulalio	418 - 419
43	San Celestino I	422 - 432
44	San Sixto III	432 - 440
45	San León I	440 - 461
46	San Hilario	461 - 468
47	San Simplicio	468 - 483
48	San Félix III (Félix II)	483 - 492
49	San Gelasio I	492 - 496
50	Anastasio II	496 - 498
51	San Símaco	498 - 514

Siglo vi

Antipapa	Lorenzo	498 - 506
52	San Hormisdas	514 - 523
53	San Juan I	523 - 526
54	San Félix IV (Félix III)	526 - 530
55	Bonifacio II	530 - 532
Antipapa	Dióscoro	530 - 530
56	San Juan II	533 - 535
57	San Agapito I	535 - 536
58	San Silverio	536 - 537
59	Vigilio	537 - 555
60	Pelagio I	556 - 561
61	Juan III	561 - 574
62	Benedicto I	575 - 579
63	San Pelagio II	579 - 590
64	San Gregorio I	590 - 604

Siglo VII

65	Sabiniano	604 - 606
66	San Bonifacio III	607
67	San Bonifacio IV	608 - 615
68	Adeodato I	615 - 618
69	Bonifacio V	619 - 625
70	Honorio I	625 - 638
71	Severino	638 - 640
72	Juan IV	640 - 642
73	Teodoro I	642 - 649
74	San Martín I	649 - 655
75	San Eugenio I	654 - 657
76	San Vitaliano	657 - 672
77	Adeodato II	672 - 676
78	Dono I	676 - 678
79	San Agatón	678 - 681
80	San León II	681 - 683
81	San Benedicto II	684 - 685
82	Juan V	685 - 686
83	Conón	686 - 687
Antipapa	Teodoro	687
Antipapa	Pascual	687 - 692
84	San Sergio I	687 - 701

Siglo VIII

85	Juan VI	701 - 705
86	Juan VII	705 - 707
87	Sisinio	708
88	Constantino	708 - 715
89	San Gregorio II	715 - 731
90	Gregorio III	731 - 741
91	San Zacarías	741 - 752
No consagrado	Papa electo Esteban	752
92	Esteban II (Esteban III)	752 - 757

93	San Pablo I	757 - 767
94	Esteban III (Esteban IV)	767 - 772
95	Adriano I	772 - 795
96	San León III	795 - 816

Siglo IX

97	Esteban IV (Esteban V)	816 - 817
98	San Pascual I	817 - 824
99	Eugenio II	824 - 827
100	Valentín	827
101	Gregorio IV	827 - 844
102	Sergio II	844 - 847
103	San León IV	847 - 855
104	Benedicto III	855 - 858
105	San Nicolás I	858 - 867
106	Adriano II	867 - 872
107	Juan VIII	872 - 882
108	Marino I	882 - 884
109	San Adriano III	884 - 885
110	Esteban V (Esteban VI)	885 - 891
111	Formoso	891 - 896
112	Bonifacio VI	896
113	Esteban VI (Esteban VII)	896 - 897
114	Romano	897
115	Teodoro II	897
116	Juan IX	898 - 900
117	Benedicto IV	900 - 903

Siglo X

118	León V	903
Antipapa	Cristóbal	903 - 904
119	Sergio III	904 - 911
120	Anastasio III	911 - 913
121	Landón	913 - 914

122	Juan X	914 - 928
123	León VI	928
124	Esteban VII (Esteban VIII)	928 - 931
125	Juan XI	931 - 935
126	León VII	936 - 939
127	Esteban VIII (Esteban IX)	939 - 942
128	Marino II	942 - 946
129	Agapito II	946 - 955
130	Juan XII	955 - 964
131	Benedicto V	964
132	León VIII	964 - 965
133	Juan XIII	965 - 972
134	Benedicto VI	973 - 974
135	Benedicto VII	974 - 983
136	Juan XIV	983 - 984
137	Juan XV	985 - 996
138	Gregorio V	996 - 999
139	Silvestre II	999 - 1003

SEGUNDO MILENIO

Siglo XI

140	Juan XVII	1003
141	Juan XVIII	1003 - 1009
142	Sergio IV	1009 - 1012
143	Benedicto VIII	1012 - 1024
Antipapa	Gregorio	1012
144	Juan XIX	1024 - 1032
145	Benedicto IX	1032 - 1044
146	Silvestre III	1045
147	Benedicto IX	1045 - 1045
148	Gregorio VI	1045 - 1046
149	Clemente II	1046 - 1047
150	Benedicto IX	1047 - 1048
151	Dámaso II	1048

152	San León IX	1049 - 1054
153	Víctor II	1054 - 1057
154	Esteban IX (Esteban X)	1057 - 1058
155	Nicolás II	1058 - 1061
156	Alejandro II	1061 - 1073
Antipapa	Honorio II	1061 - 1072
157	San Gregorio VII	1073 - 1085
Antipapa	Clemente III	1080 - 1100
158	Víctor III	1086 - 1087
159	Urbano II	1088 - 1099
160	Pascual II	1099 - 1118

Siglo XII

Antipapa	Teodorico	1100 - 1101
Antipapa	Alberto	1101 - 1105
Antipapa	Silvestre IV	1105 - 1111
161	Gelasio II	1118 - 1119
162	Calixto II	1119 - 1124
163	Honorio II	1124 - 1130
164	Inocencio II	1130 - 1143
Antipapa	Anacleto II	1131 - 1138
165	Celestino II	1143 - 1144
166	Lucio II	1144 - 1145
167	Eugenio III	1145 - 1153
168	Anastasio IV	1153 - 1154
169	Adriano IV	1154 - 1159
Antipapa	Víctor IV	1159 - 1164
170	Alejandro III	1159 - 1181
171	Lucio III	1181 - 1185
172	Urbano III	1185 - 1187
173	Gregorio VIII	1187
174	Clemente III	1187 - 1191
175	Celestino III	1191 - 1198
176	Inocencio III	1198 - 1216

Siglo XIII

177	Honorio III	1216 - 1227
178	Gregorio IX	1227 - 1241
179	Celestino IV	1241
	Interregno*	1241 - 1243
180	Inocencio IV	1243 - 1254
181	Alejandro IV	1254 - 1261
182	Urbano IV	1261 - 1264
183	Clemente IV	1265 - 1268
	Interregno	1268 - 1271
184	Gregorio X	1271 - 1276
185	Inocencio V	1276
186	Adriano V	1276
187	Juan XXI	1276 - 1277
188	Nicolás III	1277 - 1280
189	Martín IV	1281 - 1285
190	Honorio IV	1285 - 1287
191	Nicolás IV	1288 - 1292
	Interregno	1292 - 1294
192	San Celestino V	1294
193	Bonifacio VIII	1294 - 1303

Siglo XIV

194	Benedicto XI	1303 - 1304
195	Clemente V	1305 - 1314
	Interregno	1314 - 1316
196	Juan XXII	1316 - 1334
197	Benedicto XII	1334 - 1342
198	Clemente VI	1342 - 1352
199	Inocencio VI	1352 - 1362
200	Urbano V	1362 - 1370
201	Gregorio XI	1370 - 1378

* Sin Papa válidamente elegido, por discrepancias entre los cardenales.

| 202 | Urbano VI | 1378 - 1389 |
| 203 | Bonifacio IX | 1389 - 1404 |

Siglo XV

204	Inocencio VII	1404 - 1406
205	Gregorio XII	1406 - 1415
	Interregno	1415 - 1417
206	Martín V	1417 - 1431
207	Eugenio IV	1431 - 1447
208	Nicolás V	1447 - 1455
209	Calixto III	1455 - 1458
210	Pío II	1458 - 1464
211	Pablo II	1464 - 1471
212	Sixto IV	1471 - 1484
213	Inocencio VIII	1484 - 1492
214	Alejandro VI	1492 - 1503

Siglo XVI

215	Pío III	1503
216	Julio II	1503 - 1513
217	León X	1513 - 1521
218	Adriano VI	1522 - 1523
219	Clemente VII	1523 - 1534
220	Pablo III	1534 - 1549
221	Julio III	1550 - 1555
222	Marcelo II	1555
223	Pablo IV	1555 - 1559
224	Pío IV	1559 - 1565
225	San Pío V	1566 - 1572
226	Gregorio XIII	1572 - 1585
227	Sixto V	1585 - 1590
228	Urbano VII	1590
229	Gregorio XIV	1590 - 1591
230	Inocencio IX	1591
231	Clemente VIII	1592 - 1605

Siglo XVII

232	León XI	1605
233	Pablo V	1605 - 1621
234	Gregorio XV	1621 - 1623
235	Urbano VIII	1623 - 1644
236	Inocencio X	1644 - 1655
237	Alejandro VII	1655 - 1667
238	Clemente IX	1667 - 1669
239	Clemente X	1670 - 1676
240	Inocencio XI	1676 - 1689
241	Alejandro VIII	1689 - 1691
242	Inocencio XII	1691 - 1700
243	Clemente XI	1700 - 1721

Siglo XVIII

244	Inocencio XIII	1721 - 1724
245	Benedicto XIII	1724 - 1730
246	Clemente XII	1730 - 1740
247	Benedicto XIV	1740 - 1758
248	Clemente XIII	1758 - 1769
249	Clemente XIV	1769 - 1774
250	Pío VI	1775 - 1799
251	Pío VII	1800 - 1823

Siglo XIX

252	León XII	1823 - 1829
253	Pío VIII	1829 - 1830
254	Gregorio XVI	1831 - 1846
255	Pío IX	1846 - 1878
256	León XIII	1878 - 1903

Siglo xx

257	San Pío X	1903 - 1914
258	Benedicto XV	1914 - 1922
259	Pío XI	1922 - 1939
260	Pío XII	1939 - 1958
261	Juan XXIII	1958 - 1963
262	Pablo VI	1963 - 1978
263	Juan Pablo I	1978
264	Juan Pablo II	1978 - 2005

Siglo xxi

| 265 | Benedicto XVI | 2005 - 2013 |
| 266 | Francisco | 2013 - |

CRONOLOGÍA DEL PAPA FRANCISCO

1936   Nace el 17 de diciembre en Buenos Aires fruto del ma-
            trimonio de Mario y Regina, dos italianos que emi-
            graron a Argentina.

1958   Entra en el Seminario Villa Devoto tras escoger el ca-
            mino del sacerdocio y después de haber estudiado
            Química.
            Ingresa en la Compañía de Jesús el 11 de marzo.

1963   Completa sus estudios de humanidades en el Semina-
            rio Jesuita de Santiago de Chile.

1964-1965   Profesor de Literatura y Filosofía en el Colegio de la
            Inmaculada de Santa Fe.

1966   Profesor de Literatura y Filosofía en el Colegio del
            Salvador de Buenos Aires.

1967-1970   Estudia Teología en la Facultad de Teología Colegio
            San José, en San Miguel, donde se licencia.
            Es ordenado sacerdote el 13 de diciembre.

1970   Entre septiembre y diciembre realiza la tercera proba-
            ción en Alcalá de Henares.

1973   Hace su profesión perpetua en la Compañía de Jesús.
            Maestro de novicios en Villa Barilari, San Miguel.
            Profesor de la Facultad de Teología, consultor de la
            Provincia y rector del Colegio Mayor.

1973   El 31 de julio es nombrado provincial de Argentina de la Compañía de Jesús, cargo que ocupa durante seis años.

1982   Publica *Meditaciones para religiosos*.

1980-1986   Rector del Colegio Máximo y de la Facultad de Filosofía y Teología de la Casa de San Miguel y párroco de la parroquia San José en la diócesis del mismo nombre.

1986   Concluye su tesis doctoral en Alemania. Publica el libro *Reflexiones sobre la vida apostólica*.

1992   Publica *Reflexiones en esperanza*.

            El 20 de mayo es nombrado obispo titular de Oca y auxiliar de Buenos Aires. Recibe este mismo año la ordenación episcopal.

            El 27 de junio recibe en la catedral de Buenos Aires la ordenación episcopal en una celebración presidida por el cardenal Antonio Quarracino, acompañado del nuncio apostólico, Ubaldo Calabresi, y del obispo de Mercedes-Luján, Emilio Ogñénovich.

1997   Es nombrado arzobispo coadjutor de Buenos Aires el 13 de julio.

1998   Publica *Diálogos entre Juan Pablo II y Fidel Castro*.

            El 28 de febrero se convierte en arzobispo de Buenos Aires, por sucesión tras la muerte del cardenal Quarracino. También asume ser el primado de la Argentina.

            El 6 de noviembre, ordinario para la Fe de Rito Oriental de los residentes en Argentina.

2001   Juan Pablo II le nombra cardenal el 21 de febrero.

2005-2011   Es elegido presidente de la Conferencia Episcopal Argentina durante dos mandatos.

2005   Participa en el cónclave que elige a Benedicto XVI como Papa tras la muerte de Juan Pablo II.

2006   En enero imparte ejercicios espirituales a los obispos españoles en Madrid.

En julio participa en el Encuentro Mundial de las Familias en Valencia.

2012   Publica *Mente abierta, corazón creyente.*

2013   Participa en el cónclave del 12 de marzo para elegir nuevo Papa tras la renuncia de Benedicto XVI.

El 13 de marzo es elegido Papa a las 19:06. Una hora después se presenta al mundo con el nombre de Francisco.

El 14 de marzo oficia la primera misa como Papa en la Capilla Sixtina.

El 15 de marzo, audiencia con los cardenales en la Sala Clementina del Vaticano.

El 16 de marzo, audiencia con miembros de los distintos medios de comunicación social acreditados durante el cónclave en el aula Pablo VI.

El 17 de marzo preside su primer ángelus como Papa desde el apartamento papal. Publica su primer tuit.

El 18 de marzo recibe a la presidenta de la República Argentina, Cristina Fernández de Kirchner. Primera audiencia con un jefe de Estado.

El 19 de marzo, eucarística por el inicio del pontificado.

Otros títulos de
RBA ACTUALIDAD

Política y Sociedad

MANUEL CRUZ

FILÓSOFO DE GUARDIA
Reflexiones acerca de lo que nos va pasando

Es un lugar común hoy en día la afirmación de que el filósofo no se debe encerrar en una práctica autocontemplativa, entre otras cosas porque la filosofía tiene inscrita en su ADN una voluntad crítica insobornable. A lo largo de sus páginas, el autor se esfuerza en poner sus conocimientos y destrezas al servicio de lo que importa e interesa a la mayoría. Actúa así porque está convencido de que debería ser norma de obligado cumplimiento que el filósofo que tuviera la menor sensibilidad en cuanto ciudadano se viera obligado a expresar en público cuanto piensa. No porque su voz resulte particularmente imprescindible, sino porque —de manera destacada en momentos como los que nos está tocando vivir— nadie debería permanecer callado respecto a los asuntos que a todos conciernen.

ENRIQUE BARÓN CRESPO

MÁS EUROPA, ¡UNIDA!

Enrique Barón nos ofrece en este libro el recuento de una vida dedicada a la acción política a la vez que un dibujo bien estructurado y contextualizado de una época crucial y una reflexión certera y en profundidad acerca de aspectos de la práctica política, el cambio en España y la construcción europea como una unidad económica y una democracia social de carácter supranacional. Diputado en las cortes constituyentes, entró en el primer gobierno de Felipe González como ministro y, tras su salida del ejecutivo en 1985, inició un largo periplo en el Parlamento europeo que lo llevó a su presidencia entre 1989 y 1992, los años apasionantes que siguieron a la caída del muro de Berlín.

RAMÓN TAMAMES

MÁS QUE UNAS MEMORIAS

En *Más que unas memorias*, el autor, Ramón Tamames reconfigura la senda de su ya larga vida y esboza, con fuerza literaria, los tiempos difíciles de su infancia, marcados por la más cruenta guerra civil, a lo que siguen ensoñaciones de adolescencia, descubiertas juveniles, y todo el devenir de su formación científica en un contexto de apertura creciente al mundo, el conocimiento personal y las vicisitudes.

Iconos literarios, conexiones con el ancho mundo, impregnación de ideas políticas en la rebelión estudiantil de la Universidad Española en 1956, son temas que discurren por estas páginas. En ellas se revive toda una época de rápidas transformaciones, económicas, políticas y sociales, en la que el autor figura como uno de los grandes protagonistas de la larga transición española hacia la democracia, que se enfoca con una visión evolutiva, desde el agotamiento del franquismo hasta la promulgación de la Constitución de 1978, de la que Tamames es firmante.

En estas memorias se aprecia la circunstancia de que su autor ha convivido personalmente con notables hitos literarios, como Pío Baroja, Ortega y Gasset, Zubiri, Cela, Aleixandre, Dionisio Ridruejo, Martín Santos, Paco Umbral... y además, ya en la madurez, con líderes políticos como Che Guevara, Carrillo, Fraga, Enrico Berlinguer, Mitterrand, Mario Soares, Mandela, George Bush, Iturbe, Menem, etc.; y los cinco presidentes de la democracia española, desde Suárez a Rajoy.

SOLEDAD ARROYO

LOS BEBÉS ROBADOS DE SOR MARÍA

Una monja acusada de robar bebés recién nacidos en una maternidad madrileña... Podría ser el argumento inesperado de una novela policíaca, pero es el punto de partida de una apasionante investigación sobre hechos y vidas reales.

Mujeres separadas de sus bebés por la fuerza, sedaciones ilegales, padres adoptivos que fueron engañados, falsificación de documentos, adopciones irregulares y arbitrarias a cambio de dinero y miles de adopciones bajo sospecha... Son algunas de las gravísimas acusaciones lanzadas en primera persona por protagonistas y testigos de unos delitos que estuvieron ocultos durante treinta años.

Y en el centro del escándalo la figura de una religiosa ya anciana que fue imputada por crímenes execrables: sor María Gómez Valbuena. Personaje polémico, siempre en la sombra, que se descubre a sí misma durante la única conversación que mantuvo en su vida con la prensa y que le realizó la autora de este libro.

Los bebés robados de Sor María es un conmovedor recorrido por las historias inéditas hasta ahora de madres e hijos que fueron separados por la fuerza y acabaron reunidos por el destino. Un fenómeno que ha conmocionado profundamente a la sociedad española.

GIORGIO RUFFOLO

EL CAPITALISMO TIENE LOS SIGLOS CONTADOS

Son muchas las profecías sobre el final del capitalismo, aunque pocas han afectado a su suerte. La economía de mercado (el capitalismo) es el fruto de una evolución histórica que se remonta a la antigüedad, que, sin embargo, no la convierte en el orden último y definitivo, como pretenden algunos. La entrada de la economía de mercado en los límites de la *polis* sentó las bases de una gran transformación material, al tiempo que el compromiso entre economía de mercado y política empezó a madurar, en Occidente, con la hegemonía de las repúblicas italianas en el siglo XII, seguida por una sucesión histórica de hegemonías nacionales, cuyos últimos episodios son el ascenso de Estados Unidos al frente del sistema económico internacional a mediados del siglo XX y la reciente entrada en escena de China.

A la luz de este proceso histórico, que es analizado con una exquisita agilidad intelectual, el autor abre una reflexión en profundidad sobre los ejes que definen la actual crisis del sistema: la fe absoluta en el mercado, la privatización de lo común, la «financiarización del tiempo», la «globalización del espacio» y la palmaria insostenibilidad del modelo de crecimiento y de consumo capitalistas... Pero la crisis actual no es solo económica, se trata ante todo de una crisis moral que está llevando a la demolición de la política en aras de los mercados. Para hacerle frente hay que volver a los valores que permitieron a la izquierda luchar contra las desigualdades, con la esperanza de atemperar un capitalismo, que de seguir así parece tener los siglos contados.